高等职业教育"十二五"规划教材

医药企业安全生产

隋新安　崔成红　主编

中国轻工业出版社

图书在版编目（CIP）数据

医药企业安全生产/隋新安,崔成红主编.—北京:中国轻工业出版社,2019.5
高等职业教育"十二五"规划教材
ISBN 978-7-5019-9044-3

Ⅰ.①医… Ⅱ.①隋…②崔… Ⅲ.①制药工业-工业企业-安全生产-高等职业教育-教材 Ⅳ.①F407.7

中国版本图书馆CIP数据核字（2012）第248416号

责任编辑：江　娟

策划编辑：江　娟　　责任终审：唐是雯　　封面设计：锋尚设计
版式设计：宋振全　　责任校对：吴大鹏　　责任监印：张　可

出版发行：中国轻工业出版社（北京东长安街6号,邮编：100740）
印　　刷：三河市万龙印装有限公司
经　　销：各地新华书店
版　　次：2019年5月第1版第7次印刷
开　　本：720×1000　1/16　印张：8
字　　数：161千字
书　　号：ISBN 978-7-5019-9044-3　　定价：16.00元
邮购电话：010-65241695
发行电话：010-85119835　传真：85113293
网　　址：http://www.chlip.com.cn
Email：club@chlip.com.cn
如发现图书残缺请与我社邮购联系调换
190493J2C107ZBW

本书编委会

主　编　隋新安　崔成红

编写人员（按姓氏笔画排序）李淑清　李淑敏　杨俊玲　孟庆华　隋新安
　　　　　　崔成红

主　审　刘　强　景大为

前言

医药生产存在着诸多不安全因素,不安全因素的预防和控制需具备一定的专业知识和应变能力。为避免生产中可能发生的各种事故,普及安全生产知识和预防措施,减少职业性危害,特为从事或即将从事医药化工生产、流通、经营、使用化学品类的人员编写本书。

本教材是在走访、调研诸多医药企业安全教育的基础上,结合职业院校学生在企业的实习及工作中所需要的安全知识,同时借鉴了诸多医药生产企业员工安全培训内容等编写而成。教材特点是加强实践内容和典型事故案例分析,强调与企业生产中需要的安全知识接轨。因此本书既可以作为医药化工类高职、中职学生教学用书,也可用作医药化工企业员工安全培训教材。

本教材主要内容包括安全生产基本知识、医药化工企业防火防爆知识、危险化学品、电气及设备安全管理、劳动保护知识。

本教材由山东药品食品职业学院的隋新安、崔成红、杨俊玲、李淑清、李淑敏和威高药业的孟庆华合编而成,由山东新华制药股份有限公司刘强和山东药品食品职业学院景大为主审。

在编写过程中,得到了学院领导的大力支持,得到了诸多医药企业安全技术人员的帮助,提出了许多建设性建议,在此一并表示衷心的感谢。

由于编者水平有限,本书的错误和不当之处不可避免,敬请读者及同行专家提出宝贵意见。

编 者
2012 年 10 月

目 录

任务一 安全生产基本知识 ... 1

- 一、安全生产的基本概念 ... 1
- 二、安全生产的内涵 ... 3
- 三、安全生产现状和对策措施 ... 4
- 四、安全生产法及安全生产方针 ... 5
- 五、安全生产的检查方法和工作程序 ... 6
- 六、医药企业安全规章制度 ... 7
- 七、安全生产的原则 ... 8
- 八、安全生产事故报告及处理制度 ... 9
- 九、医药企业的三级安全教育 ... 10
- 十、事故应急救援 ... 11

任务二 医药化工企业防火防爆知识 ... 12

- 一、燃烧 ... 12
- 二、火灾 ... 15
- 三、爆炸 ... 16
- 四、防火防爆技术 ... 18
- 五、消防知识 ... 25

任务三 危险化学品安全知识 ... 32

- 一、危险化学品的概念及分类 ... 32
- 二、危险化学品的安全技术说明书与安全标签以及重大危险源 ... 39
- 三、危险化学品生产、贮存安全 ... 41
- 四、危险化学品使用安全 ... 43

43	五、危险化学品的经营及运输安全	
44	六、危险化学品防灾应急办法	
44	七、认识安全标志	

48　任务四　电气及设备安全管理

48	一、用电安全	
52	二、静电的危害及消除	
55	三、设备安全管理	
61	四、特种设备安全管理	

65　任务五　劳动保护

65	一、制药企业中化学原辅材料的毒性及防护	
70	二、职业病	
75	三、劳动保护措施	

79　附录

79	附录1　中华人民共和国安全生产法	
91	附录2　中华人民共和国消防法	
103	附录3　中华人民共和国职业病防治法	

118　参考文献

任务一　安全生产基本知识

一、安全生产的基本概念

(一)安全

安全是指不受威胁,没有危险、危害和损失。

一般认为,安全是指生产系统中人员免遭不可承受危险的伤害,它要求在生产系统中人员、设备及环境要相互协调,最终达到人员免遭不可承受危险的伤害。也就是生产系统对人类的生命、财产、环境可能产生的损害控制在人类能够接受的水平或以下的状态。

(二)安全生产

安全生产是指预防生产过程中发生人身、设备事故,形成良好劳动环境和工作秩序采取的一系列措施和活动。

在安全生产中,消除危害人身安全和健康的因素,保障员工安全、健康、舒适地工作,称为人身安全;消除设备、产品等危险因素,保证生产正常进行,称为设备安全。

(三)危险源

危险源是可能导致伤害或疾病、财产损失、工作环境破坏或这些情况组合的根源或状态。习惯上分为以下两类。

1. 第一类危险源

根据能量意外释放理论,可能发生意外能量释放的危险物质称作第一类危险源。

2. 第二类危险源

(1)物的故障　是指机械设备、装置、元部件等由于性能低下而不能实现预定功能的现象。物的故障可能是由于设计、制造缺陷造成的;也可能由于维修、使用不当,或磨损、腐蚀、老化等原因造成的。

(2)人的失误　是指人的行为结果偏离了被要求的标准,没有完成规定要求的现象。

(3)环境因素　人和物存在的环境,即温度、湿度、噪声、振动、照明或通风换气等,导致人的失误或物的故障发生。

一起伤亡事故的发生往往是两类危险源共同作用的结果。第一类危险源是伤亡事故发生的主体。第二类危险源是第一类危险源发生的必要条件。辨识危险源的首要任务是辨识第一类危险源,在此基础上再辨识第二类危险源。

按照GB/T 13861—2009《生产过程危险和有害因素分类代码》,生产过程中的危险和有害因素分类如下:

(1)人的因素

①心理、生理性危险:如负荷超限、健康状况异常、从事禁忌作业、心理异常、辨识功能缺陷等有害因素。

②行为性危险和有害因素:如指挥错误、操作错误、监护失误、其他行为性危险和有害因素。

(2)物的因素

①物理性危险:如设备、设施、工具、附件缺陷、防护缺陷、电伤害、噪声、振动危害、电离辐射、非电离辐射、运动物伤害、明火、高温物质、低温物质、信号缺陷、标志缺陷、有害光照等有害因素。

②化学性危险:如爆炸品、压缩气体和液化气体、易燃液体、易燃固体、自燃物品和遇湿易燃物品、氧化剂和有机过氧化物、有毒品、放射性物品、腐蚀品、粉尘与气溶胶等有害因素。

③生物性危险:如致病微生物、传染病媒介物、致害动物、致害植物等有害因素。

(3)环境因素

①室内作业场所环境不良:如室内作业场所狭窄、室内作业场所杂乱、室内地面不平、室内安全通道缺陷、房屋安全出口缺陷、采光照明不良、室内温度、湿度、气压不适等作业场所。

②室外作业场地环境不良:如恶劣气候与环境、作业场地狭窄、作业场地杂乱、作业场地不平、脚手架、阶梯和活动梯架缺陷、作业场地安全通道缺陷、作业场地安全出口缺陷、作业场地光照不良、作业场地温度、湿度、气压不适等作业场地。

③地下(含水下)作业环境不良:如隧道/矿井顶面缺陷、隧道/矿井正面或侧壁缺陷、隧道/矿井地面缺陷、地下作业面空气不良、地下火、冲击地压、地下水、水下作业供氧不当等作业环境。

④其他作业环境不良,如强迫体位、综合性作业环境不良,以上未包括的其他作业环境。

(4)管理因素

①职业安全卫生组织机构不健全。

②职业安全卫生责任制未落实。

③职业安全卫生管理规章制度不完善。

④职业安全卫生投入不足。
⑤职业健康管理不完善。
⑥其他管理因素缺陷。

(四)事故

事故是指发生预期之外的造成人身伤害、财产或经济损失的事件。

生产安全事故是指生产经营单位在生产经营活动(包括与生产经营有关的活动)中突然发生的,伤害人身安全和健康、损坏设备设施或造成经济损失,导致原生产经营活动暂时中止或永远终止的意外事件。

安全生产事故分为企业生产安全事故、火灾事故、道路交通事故、农机事故和水上交通事故五类。

(五)事故隐患

事故隐患是指作业场所、设备及设施的不安全状态、人的不安全行为和管理上的缺陷,是引发安全事故的直接原因。

二、安全生产的内涵

(一)生产必须安全

"生产必须安全,安全促进生产"科学地揭示了生产与安全的辩证关系,必须坚持"安全第一"和"管生产必须同时管安全"的原则。

"安全第一"是指当考虑生产时,必须保证安全第一,落实安全生产的各项措施,保证员工的安全、健康和生产持续、安全地进行;当生产和安全发生矛盾时,生产必须服从安全。

"管生产必须同时管安全"是指一切从事生产、经营活动的单位和管理部门,在生产的同时要落实《中华人民共和国安全生产法》和国家各项安全规定,制定本企业或部门的安全生产规章制度。

(二)安全生产,人人有责

安全生产是一项综合性的工作,贯彻专业管理和群众管理相结合,做到安全生产人人重视,个个自觉,提高警惕,互相监督,发现隐患,及时消除。企业法定代表人是安全生产第一责任人,对本企业安全生产负全面责任;分管安全生产工作的副职,承担相应的领导责任。企业在制定生产领导责任制的同时,制定全员安全生产责任制,保证企业的安全生产管理全面覆盖,责任到位。

(三)安全生产,重在预防

认真贯彻"三同时"的规定,即在建工程立项时,安全监测防范技术和"三废"治理措施与工程项目主体"同时设计、同时施工、同时使用"。对运行的生产装置、工艺存在的安全问题,组织力量攻关,及时消除隐患。

"安全生产,重在预防",应该抓安全生产的基础工作,不断提高员工识别、判断、预防和处理事故的本领。

三、安全生产现状和对策措施

(一)安全生产现状

安全生产事故频发,影响了经济发展和社会稳定。主要原因:一是安全生产法律意识淡薄。公民在生产经营活动中,自我保护和安全生产的意识比较淡薄,个别企业没有依法为从业人员提供必要的安全生产条件和劳动安全保护,使从业人员在不安全的条件下作业,以致发生事故,造成大量人身伤亡。二是安全生产出现了新情况、新问题,急需依法规范。某些生产经营单位存在着生产安全条件差、安全技术装备陈旧落后、安全投入少、安全管理不到位等问题。三是安全生产形势依然严峻。目前我们国家生产事故不断发生,很重要的原因是人们的安全意识不强,对危险认识不足,要实现安全生产形势的根本好转,必须进一步加强安全生产教育,强化安全生产教育培训,普及安全生产的法律法规和科技常识,提高人们的安全意识。

(二)对策措施

(1)加快安全科技重大项目、重点课题研究攻关 在危险化学品和特种工业设备重大事故灾难的监测、预警、防治、应急救援技术、高危职业危害预防技术等方面,组织开展重点科技攻关。

(2)研发集成先进技术装备,为隐患治理和安全技术改造提供技术支撑 推广先进、适用技术和装备,建立安全技术示范工程,提升企业安全生产技术水平;研发和推广新工艺、新技术、新设备和新材料,提高企业安全保障能力。

(3)发展教育、加强培训,化解安全专业人才危机 目前我国安全生产人才缺乏,一线操作人员专业素质偏低,懂化工、会管理的专业技术人才缺乏已成为威胁危险化学品企业安全生产的重要隐患。

 **案例**

"2·28"化工装置安全事故

2012年2月28日河北赵县某化工公司发生爆炸,是近一段时期最严重的一起化工装置安全事故。事故发生的主要原因之一正是专业人才缺乏。发生事故的车间管理人员、操作人员专业素质较低,对化工生产的特点认识不足、理解不透,在没有进行安全风险评估的情况下,擅自改变生产原料、改造导热油系统,将导热油最高控制温度从210℃提高到255℃。而且,事故发生后,车间员工处理异常情况的能力不能适应化工安全生产的需要,最终导致严重后果。

(4)继续推进安全生产源头治标、政策治本 一些生产经营单位为节省安全技术培训、安全设施、劳动防护用品的开支,而压缩安全成本(不经过安全、工艺培训就上岗);安全意识薄弱(特殊工种无证上岗)。

(5)加强安全文化建设,提高全民安全素质,加强社会监督 安全文化是安全生产在意识形态领域和人们思想观念上的综合反映,包括安全价值观、安全判断标准和安全行为方式等。

四、安全生产法及安全生产方针

(一)《中华人民共和国安全生产法》

《中华人民共和国安全生产法》是我国第一部全面规范安全生产的专门法律,它是我国安全生产法律体系的主体法,是各类生产经营单位及其从业人员实现安全生产所必须遵循的行为准则,是各级人民政府及有关部门进行监督管理和行政执法的法律依据,是制裁各种安全生产违法犯罪行为的有力武器。

《中华人民共和国安全生产法》的贯彻实施,有利于依法规范各类生产经营单位的安全生产工作;有利于加强各级安全生产监督管理部门的监督管理和依法行政;有利于保障职工劳动安全的权利;有利于依法制裁各种安全生产违法行为,防止和减少生产安全事故,促进经济发展。

《中华人民共和国安全生产法》明确规定了各级人民政府在安全生产工作中的地位、任务和责任,真正把安全生产当作重要工作来抓,处理好安全生产与稳定发展的关系,加强领导,采取有力措施,遏制重大、特大事故,促进地方经济发展。

《中华人民共和国安全生产法》规定了各级安全生产监督管理部门是执法主体,依照本法对安全生产进行综合监督管理;同时规定了有关部门依照有关法律、行政法规规定的职责范围,对有关专项安全生产工作实施监督管理。

《中华人民共和国安全生产法》对其生产经营所必须具备的安全生产条件、主要负责人的安全生产职责、安全管理机构和管理人员配置、生产经营现场的安全管理和安全生产违法行为的法律责任,都做出了严格、明确的规定。

《中华人民共和国安全生产法》在赋予从业人员安全生产权利的同时,明确规定了他们必须履行的法定义务及其法律责任。

《中华人民共和国安全生产法》适用的范围,一切从事生产经营活动的企业事业单位、股份制企业、中外合资经营企业、外资企业、个人独资企业等,不论其经济性质如何、规模大小,只要从事生产经营活动的,都应遵守安全生产法的各项规定,违反安全生产法规定的行为将受到法律的追究。

(二)安全生产的基本方针

"安全第一,预防为主"是安全生产管理的基本方针。安全生产管理,是以保证生产经营过程中的人身安全和财产安全为目标的管理活动,是在生产经营活动中对安全的管理。

五、安全生产的检查方法和工作程序

(一)检查方法

1. 常规检查

一般由安全管理人员到员工作业现场,通过感官或辅助简单工具、仪表等,对作业人员的行为、作业场所的环境条件、生产设备设施等进行检查。

2. 安全检查表法

此法是事先把生产系统加以剖析,列出各层次的不安全因素,确定检查项目,并把检查项目按系统组成顺序编制成表,以利于进行检查或评审。

3. 仪器检查法

此法用于获得机器、设备内部的缺陷及作业环境条件的真实信息或定量数据,以便发现安全隐患,为整改提供信息。

(二)工作程序

(1)安全检查准备　确定人员、标准、内容、仪器、检查表等;

(2)安全检查实施　访谈、现场检查、查阅文件及记录;

(3)通过分析做出判断;

(4)及时做出决定进行处理;

(5)对查出的隐患整改落实。

(三)安全检查的形式和内容

安全检查的形式主要有:

(1)定期安全生产检查;

(2)经常性安全检查;

(3)季节性及节假日前安全检查;

(4)专项安全检查;

(5)综合性安全生产检查;

(6)不定期的职工代表巡视安全检查。

安全检查的内容主要有:查思想、查管理、查隐患、查整改、查事故处理。

 想一想

结合学校开展的安全隐患检查活动,检查你所在的宿舍、教室、校园内有哪些不安全因素,如何整改?

六、医药企业安全规章制度

在医药及化工企业生产厂区,为完成生产任务,需要处理大量易燃易爆、有毒有害物质,如果管理不当或突然故障都可能发生物料外逸或积聚,导致灾害发生。因此在生产厂区的职工,必须遵守有关规章制度,保证安全生产。

医药企业一般要求员工严格遵守化工安全生产四十一条禁令,使用压力容器设备的还要严格执行压力容器操作的九个必须。

(一)生产厂区十四个不准

(1)加强明火管理,厂区内不准吸烟;

(2)生产区内,不准未成年人进入;

(3)上班时间,不准睡觉、干私活、离岗和干与生产无关的事;

(4)在班前、班上不准喝酒;

(5)不准使用汽油等易燃液体擦洗设备、用具和衣物;

(6)不按规定穿戴劳动保护用品,不准进入生产岗位;

(7)安全装置不齐全的设备不准使用;

(8)不是自己分管的设备、工具不准动用;

(9)检修设备时安全措施不落实,不准开始检修;

(10)停机检修后的设备,未经彻底检查,不准启用;

(11)未办高处作业证,不系安全带、脚手架、跳板不牢,不准登高作业;

(12)石棉瓦上不固定好跳板,不准作业;

(13)未安装触电保安器的移动式电动工具,不准使用;

(14)未取得安全作业证的职工,不准独立作业;特殊工种职工未经取证,不准作业。

(二)操作工的六个严格

(1)严格执行交接班制;

(2)严格进行巡回检查;

(3)严格控制工艺指标;

(4)严格执行操作法(票);

(5)严格遵守劳动纪律;

(6)严格执行安全规定。

(三)动火作业六大禁令

(1)动火证未经批准,禁止动火;

(2)不与生产系统可靠隔绝,禁止动火;

(3)不清洗、置换不合格,禁止动火;

(4)不消除周围易燃物,禁止动火;

(5)不按时做动火分析,禁止动火;

(6)没有消防设施,禁止动火。
(四)进入容器、设备的八个必须
(1)必须申请、办证,并得到批准;
(2)必须进行安全隔绝;
(3)必须切断动力电,并使用安全灯具;
(4)必须进行置换、通风;
(5)必须按时间要求进行安全分析;
(6)必须佩戴规定的防护用具;
(7)必须有人在器外监护,并坚守岗位;
(8)必须有抢救后备措施。
(五)机动车辆七大禁令
(1)严禁无令、无证开车;
(2)严禁酒后开车;
(3)严禁超速行车和空挡滑车;
(4)严禁带病行车;
(5)严禁人货混载行车;
(6)严禁超标装载行车;
(7)严禁无阻火器车辆进入禁火区。
(六)压力容器操作的九个必须
(1)压力容器必须定期做耐压试验,合格后用于生产;
(2)容器操作人员必须经培训考核,合格后方准操作;
(3)操作前必须检查安全阀、压力表、温度计等安全附件,安全、灵敏、可靠,方可使用;
(4)升温加压前必须排净夹层水,加热应缓缓升压;
(5)加热时必须边搅拌边加温,防止中途搅拌造成突沸或爆炸;
(6)容器加热后必须防止骤冷,以免损害罐体;
(7)操作期间必须严守岗位,严格禁止超温、超压;
(8)压力容器检修必须泄压后进行,严禁带压操作;
(9)检修后电机接线必须保证转动方向正确,防止搅拌脱落。

七、安全生产的原则

1. 职业安全卫生"三同时"原则

新建、改建、扩建工程的安全生产、劳动安全卫生、职业病防治设施必须与主体工程"同时设计,同时施工,同时投产使用"。

2. "四不放过"原则

事故原因分析不清不放过,事故责任者和群众没有受到教育不放过,没有采取切实可行的防范措施不放过,事故责任者没有受到严肃处理不放过。

3."三个对待"原则

未遂事故当事故对待;小事故当大事故对待;别人的事故当自己的事故对待。

4."三不伤害"原则

不伤害他人,不伤害自己,不被他人伤害。

八、安全生产事故报告及处理制度

(1)安全生产事故的报告、统计、调查和处理工作必须坚持实事求是、尊重科学的原则。

(2)安全生产事故发生后,负伤者或者事故现场有关人员应当立即直接向部门领导报告,部门领导应在第一时间内报告公司主管领导。

(3)公司主管领导接到重伤、死亡、重大死亡事故报告,应当立即赶赴事故现场,研究采取进一步措施。

(4)对于死亡、重大死亡事故,公司主管部门应当立即按系统逐级上报。事故报告应当包括以下内容:

①事故发生的时间、地点、单位;

②事故的简要经过、伤亡人数,直接经济损失的初步估计;

③事故发生原因的初步判断;

④事故发生后采取的措施及事故控制情况;

⑤事故报告单位。

(5)发生死亡、重大死亡事故的公司应当保护事故现场,迅速采取必要措施抢救人员和财产,防止事故扩大。

(6)轻伤、重伤事故,由各部门负责人组织成立事故调查组,进行调查;死亡事故,由公司组成事故调查组,进行调查。

(7)事故调查组有权向发生事故的有关部门、有关人员了解有关情况和索取有关资料,任何部门和个人不得拒绝。

(8)事故调查组提出的事故处理意见和防范措施经公司主管领导同意后,由发生事故的主管部门负责处理。

(9)因违章指挥、违章作业、玩忽职守或者发生事故隐患、危害情况而不采取有效措施以致造成安全生产事故的,或者事故发生后隐瞒不报、谎报、故意延迟不报、故意破坏事故现场,或者无正当理由,拒绝接受调查以及拒绝提供有关情况和资料的,由公司主管部门或者公司按照国家有关规定,对相应部门负责人和直接责任人员给予经济处罚或开除;构成犯罪,由司法机关依法追究刑事责任。

(10)在调查、处理伤亡事故中玩忽职守、徇私舞弊或者打击报复,公司按照国家有关规定给予经济处罚或开除;构成犯罪,由司法机关依法追究刑事责任。

九、医药企业的三级安全教育

企业四种人员需要进行安全培训

1. 新员工

新员工必须进行厂、车间、班组三级安全生产教育。

厂级内容:安全生产基本知识;本单位安全生产规章制度;劳动纪律;作业场所和工作岗位存在的危险因素、防范措施及事故应急救援预案、事故案例等。由专职安全员讲解。

车间级内容:本车间安全生产状况和规章制度,作业场所和工作岗位存在的危险因素、防范措施及事故应急措施等。由车间安全员或车间主任讲解。

班组级内容:岗位安全操作规程;生产设备、安全装置、劳动防护用品的正确使用方法等。由班组长讲解。

2. 调整工作岗位或离岗一年以上重新上岗人员

进行相应的车间、班组级安全教育。

3. 特种作业人员

特种作业人员指电工、焊工、切割工、起重机械作业人员、驾驶员、登高作业人员、锅炉工、压力容器操作工、制冷作业人员、爆破人员等。

培训要求:①上岗前必须接受专门机构培训,取证上岗;②接受相关作业人员培训;③接受相应工作单位及车间、班组安全教育。

4. 外来人员

①接受专门人员的带领或管理;②穿戴好防护用品;③特种作业必须持证,并到相关部门备案;④遵守厂规厂纪及本单位规章制度。

想一想

1. 利用假期或实训课到医药企业进行短期实习、实训时,是否需要进行安全教育?你认为教育内容有哪些?

2. 从安全角度考虑,为什么多数医药化工企业不愿接受在校学生参观?

案例 "5·29"制药车间卸料管路泄漏事故

2010年5月29日山东某企业,对外销售回收醋酸,装卸车操作过程中,卸料管路接口突然崩开,大量醋酸溅入该操作者眼内,由于伤者(系外单位人员)安全技能欠缺,现场处置不当,造成右眼角膜内皮化学灼伤、视网膜脱落。

事故原因:
1. 操作者习惯性违章作业,接触液体物料操作未佩戴防护眼镜。
2. 操作工安全技能欠缺,对化学品灼伤的处置不当。

处理措施:
1. 对上述安全事故的责任人、区域负责人及班组进行全公司通报批评,并按经济责任制追究事故相关责任人的责任;
2. 加强职工的安全教育和安全技能培训,全面提高职工安全意识和安全技能;
3. 对生产设备不合理缺陷进行改造,杜绝隐患存在。

十、事故应急救援

(一)事故应急救援的基本任务

(1)立即组织营救受害人员,组织撤离或者采取其他措施保护危害区域内的其他人员。

(2)迅速控制事态,并对事故造成的危害进行检测、监测,测定事故的危害区域、危害性质及危害程度。

(3)消除危害后果,做好现场恢复。

(4)查清事故原因,评估危害程度。

(二)事故应急救援的要求

1. 迅速

就是要求建立快速的应急响应机制,能迅速准确地传递事故信息,迅速地调集所需的大规模应急力量和设备、物资等,迅速地建立起统一与协调系统,开展救援行动。

2. 准确

要求有相应的应急决策机制,能基于事故的规模、性质、特点等信息,正确地预测事故的发展趋势,准确地对应急救援行动和战术进行决策。

3. 有效

主要包括应急队伍的建设、应急设备物资的配备与维护,预案的制定与落实以及有效的外部增援机制等。

任务二　医药化工企业防火防爆知识

火灾和爆炸是医药化工行业最常见和后果最严重的事故,容易造成人员群体伤亡,社会影响大。车间生产过程中使用大量的易燃易爆物料,存在火灾、爆炸的风险,因此预防火灾、爆炸事故的发生是车间安全生产工作的一项重要任务。

一、燃烧

(一)燃烧的概念

燃烧是指可燃物与氧化剂作用发生的放热发光反应,通常伴有火焰、发烟现象。所以,燃烧是一种特殊的氧化反应,"特殊"之处在于反应过程剧烈,放出大量的热并发出强烈的光。

(二)燃烧的条件

燃烧不是随便就能发生,而是有一定条件。只有具备可燃物、助燃物、点火源三个条件时才有可能发生燃烧,这三个条件缺一不可,称为燃烧三要素。

1. 可燃物

凡能在空气、氧气或其他氧化剂中发生燃烧的物质都称为可燃物。车间内常见的固体可燃物有保温材料聚氨酯等,液体可燃物有丁醇、乙酸丁酯等有机溶剂,气体可燃物有乙炔、天然气等。

······你知道吗?

致命的聚氨酯

2010年11月15日,某教师公寓突发大火,造成58人遇难,这场特别重大火灾的罪魁祸首就是聚氨酯。聚氨酯是车间设备、管道的重要保温材料,但其本身非常容易燃烧,且在燃烧时放出氰化氢(HCN)等剧毒烟雾。为了安全使用聚氨酯,需要在其原料中加入阻燃剂,降低燃烧性能。若将聚氨酯点燃后,火焰持续数秒便自行熄灭,则可初步判断聚氨酯内添加了阻燃剂。

2. 助燃物

凡能帮助和支持可燃物燃烧的物质都称为助燃物。过去曾认为,只有氧气存在时,物质才能燃烧。然而并非如此,比如氢气就能在氯气中燃烧。当然,在发生火灾时,空气中的氧气是主要的助燃物。

3. 点火源

凡能引起可燃物质燃烧的热能源均称为点火源(也称着火源)。点火源可以是明火,也可以是高温表面。车间内常见的点火源有施工使用的电焊、气割等产生的明火,摩擦、撞击迸出的火花,电气设施产生的电火花,静电放电产生的静电火花以及雷电等。

你知道吗?

高温警报:80℃!

化工生产中温度超过80℃即为高温表面,如蒸汽管道、设备的炽热表面。因此,贮存危险化学品建筑采暖的热媒温度不应过高,热水采暖不应超过80℃,不得使用蒸汽采暖和机械采暖。

但即使具备了燃烧三要素,也不一定能发生燃烧。因此,燃烧三要素只是发生燃烧的必要条件。只有当可燃物、助燃物和点火源并存时才能发生燃烧。

4. 三要素相互作用

可燃物、助燃物、点火源三者必须同时存在、相互作用,才可能发生燃烧。通常我们用一个三角形来表示燃烧三要素的这种关系,称为"火三角"。

你知道吗?

火三角

三条边分别代表可燃物、助燃物和点火源,而三角形的整体代表燃烧。

(三)燃烧的分类

一般将燃烧分为闪燃、点燃、自燃三类。

1. 闪燃与闪点

液体燃烧时,不是液体本身直接燃烧,而是液体蒸发出的蒸气在空气中燃烧。在液体表面上能产生足够的可燃蒸气,遇火能产生一闪即灭的火焰的燃烧现象称为闪燃。

在规定的试验条件下,液体表面能产生闪燃的最低温度称为闪点。在最低温度的条件下只能闪燃而不能继续燃烧,这是因为此时液体的蒸发速度很慢,表面的蒸气量较少,闪火后就已烧尽,新的蒸气又来不及补充,所以闪燃瞬间即灭。

在闪点的温度,液体虽不能持续燃烧,但闪燃已经表明液体有着火的危险。闪点是衡量液体火灾危险性大小的重要参数,闪点越低,火灾危险性越大。

根据闪点的高低,将可能燃烧的液体分为三类,见表2-1。

表2-1　　可能燃烧的液体按闪点分类

类别	闪点范围	举例
甲类	闪点<28℃	汽油(-50℃)、乙酸丁酯(22℃)
乙类	28℃≤闪点<60℃	煤油(40℃)、丁醇(35℃)
丙类	60℃≤闪点	柴油(120℃)

根据生产或使用可燃液体的闪点将厂房、仓库分为甲、乙、丙类别,见表2-2。

表2-2　　厂房、仓库按可燃烧的液体闪点分类

类别	生产或使用下列物质
甲类	闪点小于28℃的液体;爆炸下限小于10%的气体……
乙类	闪点大于等于28℃,但小于60℃的液体;爆炸下限大于等于10%的气体;能与空气形成爆炸性混合物的浮游状态的粉尘、纤维……
丙类	闪点大于等于60℃的液体……

2. 点燃和燃点

液体温度达到闪点之后继续增高,会使蒸发速度加快,当可燃蒸气足够时,燃烧就能持续下去。可燃物质与明火直接接触,在火源移去后仍保持继续燃烧的现象,称为点燃,又称着火。

在规定的试验条件下,可燃液体能发生持续燃烧的最低温度称为燃点。对于闪点较低的液体,其燃点只比闪点高1~5℃,例如汽油、丙酮等,它们的燃点和闪点之差仅有1℃左右。

3. 自燃与自燃点

可燃物质在没有外部明火等火源的作用下,因受热或自身发热所产生的自行燃烧现象称为自然。例如白磷遇空气能发生自燃,所以将其存储于水中;钠、钾等金属遇水发生自燃,所以将其存储于煤油中;机修使用的煤油抹布也会蓄热发生自燃。

在规定的试验条件下,可燃物质产生自燃的最低温度称为自燃点。一般来说,闪点越低,自燃点越高;闪点越高,自燃点越低。例如丙酮的闪点是 -16℃,自燃点是465℃;丁醇的闪点是35℃,自燃点是340℃。

二、火灾

(一)火灾的概念

火灾是指在时间和空间上失去控制燃烧所造成的灾害。

为了预防火灾和减少火灾危害,国家制订了消防法,提出了"预防为主,防消结合"的消防工作方针。车间作为重点防火区域,要求每名员工都能做到"三懂"、"两会"。

你知道吗?

三懂两会

"三懂"是指懂得本岗位生产过程原材料的火灾危险性,懂得预防火灾的措施,懂得火灾的扑救方法。"两会"是指会使用消防器材,会报火警。

(二)火灾的分类

根据可燃物的类型和燃烧特性,将火灾分为 A、B、C、D、E 五类,见表2-3。此种分类方法对灭火器材的选用具有指导作用。

表2-3　　　　　火灾按可燃物的类型和燃烧特性分类表

类别	含义	举例
A类	固体物质火灾	聚氨酯保温材料、煤炭等燃烧造成的火灾
B类	液体或可熔化的固体物质火灾	乙酸丁酯、丙酮等燃烧造成的火灾
C类	气体火灾	氢气、乙炔等燃烧造成的火灾
D类	金属火灾	钾、钠、镁等燃烧造成的火灾
E类	带电火灾	物体带电燃烧造成的火灾

根据火灾造成的损失程度,将火灾分为特别重大火灾、重大火灾、较大火灾和

一般火灾。死亡30人以上为特别重大火灾,死亡10人以上为重大火灾,死亡3人以上为较大火灾,死亡3人以下为一般火灾。

(三)医药化工火灾的特点

(1)火势猛烈,燃烧强度大,火场温度高,热辐射强(图2-1);

图2-1 化工火灾

(2)火灾蔓延速度快,极易形成立体火灾、大面积火灾和流淌火;

(3)容易复燃和多次爆炸;

(4)组织指挥、扑救和处置的难度大;

(5)往往需要投入较多的参战力量和较长时间来灭火;

(6)容易造成重大人员伤亡和财产损失,社会影响大;

(7)容易造成环境污染,有毒有害物质一旦泄漏到大气或排放到江河中易造成大量人员伤亡和大气、水资源污染,影响持久、治理难度大。

三、爆炸

(一)爆炸的概念

爆炸是在极短时间内,释放出大量能量,产生高温,并放出大量气体,在周围介质中造成高压的化学反应或状态变化。

(二)爆炸的分类

根据爆炸形成的原因,爆炸分为物理爆炸和化学爆炸。

1. 物理爆炸

由于物理因素(如状态、温度、压力等)变化使压力急剧升高而引起的爆炸现象称为物理爆炸。物理爆炸前后物质的性质和成分不发生改变。例如蒸汽锅炉、压缩气瓶的爆炸。

> **你知道吗？**
>
> **蒸汽大爆炸**
>
> 水变成500℃的水蒸气时，体积将增大3500倍。

2. 化学爆炸

由于物质发生激烈化学反应使压力急剧升高而引起的爆炸现象称为化学爆炸。化学爆炸前后物质的性质和成分发生了根本性的变化。

化学爆炸分为分解爆炸和爆炸性混合物爆炸。分解爆炸不一定伴随着燃烧现象，例如炸药的爆炸。爆炸性混合物爆炸类似于燃烧，它与燃烧的主要区别在于爆炸的反应速度要比燃烧快很多，例如可燃气体、蒸气或粉尘与空气形成的混合物发生的爆炸。

(三) 爆炸极限

可燃气体、蒸气或粉尘与空气的混合物，并不是在任意浓度遇明火都会发生爆炸，而是有一个浓度范围，当可燃物的浓度低于某一浓度或高于某一浓度时，都不会发生爆炸。可燃气体、蒸气或粉尘与空气混合后，遇火产生爆炸的最高或最低浓度称为爆炸极限，其中最低浓度称为爆炸下限(LEL)，最高浓度称为爆炸上限(UEL)，通常用体积百分数表示。

爆炸极限可用于评定气体的火灾危险性大小。可燃气体的爆炸下限越低，爆炸浓度范围越大，火灾危险性就越大。例如乙炔的爆炸极限为2.5%~82%，氢气的爆炸极限为4.1%~74%，氨气的爆炸极限是16%~27%。

根据爆炸下限将可燃气体分为两类，见表2-4。

表2-4　　　　　　　　可燃气体按爆炸下限分类表

类别	爆炸下限	举例
甲类	爆炸下限<10%	氢、乙烯
乙类	爆炸下限≥10%	氨、一氧化碳

(四) 粉尘爆炸

粉尘爆炸是指悬浮于空气中的可燃粉尘触及火源发生的爆炸现象。发生粉尘爆炸需要具备一定的条件。

1. 粉尘本身必须可燃

常见的可燃粉尘有铝粉、锌粉、镁粉等。

2. 粉尘必须悬浮于空气中并达到爆炸浓度

可燃粉尘也有爆炸浓度范围。通常在设备内才能达到爆炸浓度范围，不排除在厂房内形成爆炸环境的可能性。

3. 有足够的点火能量

粉尘爆炸所需要的点火能量较大,约为气体爆炸所需点火能量的百倍之多。

粉尘爆炸属于爆炸性混合物爆炸,但也有着自身的特点,其中多次爆炸是粉尘爆炸的最大特点。发生爆炸后由于冲击波的作用,将沉积的粉尘重新扬起,形成新的爆炸环境,使爆炸可能持续下去。

四、防火防爆技术

防火防爆的关键在于破坏燃烧的条件,避免"燃烧三要素"同时存在和相互作用,在火灾、爆炸发生后还要防止事故的扩大和蔓延。

(一)控制点火源

1. 明火

明火包括检修用火、加热用火、烟火及机动车辆的排气管火星等。化工行业的火灾、爆炸事故有一半以上是由明火引发的,因此严格控制和管理明火对车间的防火防爆工作十分重要。

使用电焊、气割等动火工具进行检修作业时,首先要办理"动火作业证",采取防护措施后才能动火。动火作业区域周围的可燃物品要清理干净,对易燃液体管道、设备进行动火时要严格执行清洗、置换的规定并按时进行分析检测,需要动火的管道、设备与其他系统相通时应将连接处拆下断开或加堵盲板。

> **你知道吗?**
>
> **法兰让管道检修更安全**
>
>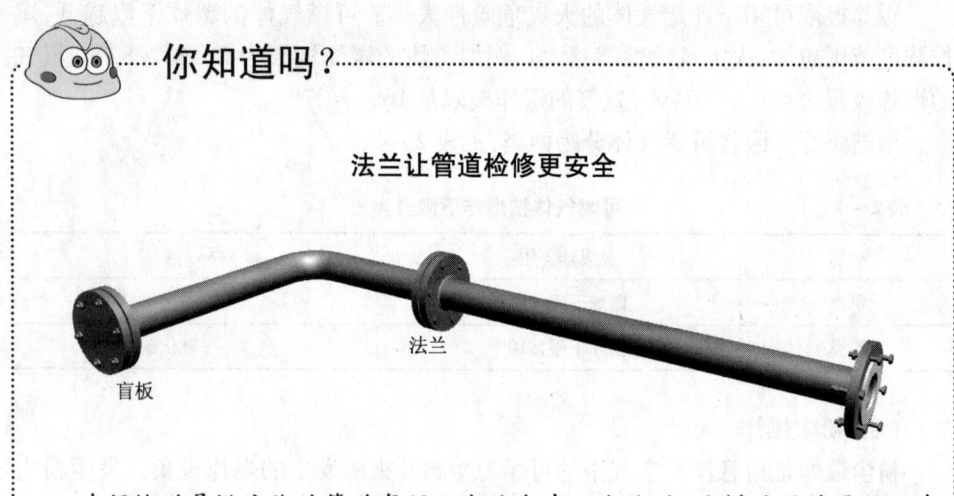
>
> 车间输送易燃液体的管道每隔几米就会有一个法兰,这样的设计是便于在管道出现漏点时,可以将该段管道拆下来进行动火维修。

车间分析岗位使用的酒精灯、打火机、电炉子等设备要设专人管理，并在指定区域内使用。使用过程中要注意清理周围可燃物。

烟头中心温度为700～800℃，表面温度约为250℃。烟头虽然是一个不大的热源，但其流动性强，且吸烟人员有随处丢弃烟头的习惯。为防止吸烟引发的火灾爆炸事故，车间内严禁吸烟，严禁私自携带火柴、打火机。

机动车辆由于设备缺陷、燃烧质量等问题，导致燃料燃烧不完全，可使从排气管内排出的尾气中夹带火星和火焰。因此，进入车间的车辆必须在排气管上安装阻火器。

2. 摩擦、撞击火花

进入防爆区，需要处处提防摩擦、撞击火花。作业时要避免使用铁制工具，应采用铍青铜合金制作的防爆工具。使用金属容器装运易燃液体时，禁止拖拉、滚动、抛掷。球阀扳手操作完毕后要将扳手取下，禁止挂在阀门上，防止坠落至地板而撞击出火花。

……你知道吗？

防爆工具不是绝对防爆

防爆工具多为铜制，其原理是铜的质地较软，而且铜不含碳，敲击时不会迸出火花。为增强其实用性，需添加铍元素提高硬度，所以称为铍青铜合金。但防爆工具的防爆性能是有限的，当撞击强度足够大时也有可能产生火花，因此使用过程中同样要谨慎操作。

3. 高温表面

车间使用的蒸汽温度高达140℃以上，蒸汽管道的高温表面可能成为火灾爆炸的点火源。为防止事故发生，采取的主要措施是用保温材料对其表面进行隔热处理，避免易燃物与高温管道表面相接触，同时也不准在高温管道表面烘干衣物。

4. 电气、静电火花

电火花是引起火灾爆炸的重要点火源，在防爆区必须使用防爆电气设备，不准将普通电器带入防爆区内使用。静电火花也可以引起燃烧或爆炸，在对易燃液体进行装卸车、打料、搅拌等操作时，均可因静电放电导致事故。

(二) 控制可燃物

1. 密闭系统设备

密闭设备可以有效防止易燃液体挥发的蒸气与空气混合形成爆炸性混合物，车间涉及易燃液体的生产过程均是在密闭的设备内进行。在设备运行时，人孔口等经常开启的部件处于关闭状态。

2. 防止可燃物外溢泄漏

车间内常见的易燃液体外溢泄漏途径有两种：一是"跑"、"冒"，打料过程中由于操作失误而使物料从人孔口、排空等处向外溢出，或者是由于排污阀门未关闭而从排污管道流出。"跑"、"冒"物料的量较大，易造成较大事故。二是"滴"、"漏"，管道及法兰连接处可能由于自身材质、焊接质量、物料腐蚀等原因出现漏点，导致物料向外滴漏。"滴"、"漏"物料的量较小，但不易被发现，会造成可燃蒸气积聚达到爆炸极限而造成事故。

案例　一种跑料风险的分析

当从储罐向暂存罐 A 中打料时，正确的操作方法是开启阀门 A、关闭阀门 B。如果打料过程中阀门 B 处于错误开启状态，那么就有会从暂存罐 B 的排污阀或人孔口或排空口处发生跑料事故。当这三个容器分别由不同单位管理时，跑料的风险将更大！

3. 通风置换

在有火灾、爆炸危险的场所，尽管采取措施使设备密闭，但总会有部分可燃物泄漏出来,采用通风置换可以有效地防止可燃物积聚。通风分为自然通风和强制通风。

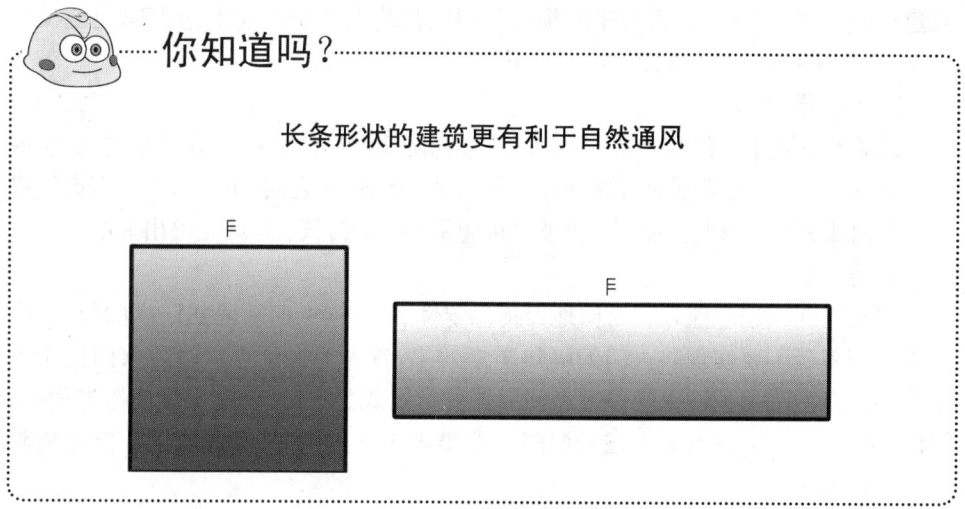

4.安全监测

车间在有火灾爆炸风险的区域安装了可燃气体报警器、烟感火灾报警器等设施。可燃气体报警器的探头安装在生产现场的各个区域,当探头感受到现场可燃蒸气浓度升高时,将信息传递给报警器,由报警器通过声、光等形式发出报警信号,通知岗位人员前去处理。采用安全监测手段可以在第一时间发现可燃物泄漏,并及时采取措施进行控制,防止火灾爆炸的发生。

(三)控制助燃物

根据惰性气体既不燃烧,也不支持燃烧的性质,化工生产中使用惰性气体置换空气中的氧气,即惰性气体保护。常见的惰性气体有氮气、二氧化碳、蒸汽等,车间使用最多的是氮气。在生产系统进料前,向设备内充入氮气,置换出原有的空气,防止形成爆炸性混合物。动火作业时,将设备、管道用氮气吹扫、置换,保证动火作业安全。易燃液体也要采用氮气充压输送,而不能使用压缩空气。

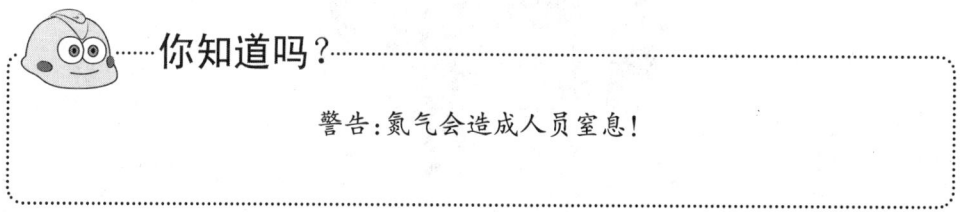

(四)限制火灾爆炸的扩大蔓延

1. 防火间距

在建筑或装置之间留出一定的防火间距,一旦发生火灾爆炸后不会波及邻近的建筑或装置,可减少灾害带来的损失。甲类厂房与甲类厂房的防火间距至少为12m,与民用建筑的防火间距至少为25m。

2. 阻火器

火焰在管道中的传播速度随管径的减小而降低,当管径小到一定程度时,火焰就会熄灭。生产装置的阻火器安装在罐体排空管上或管线之间,用来阻止外来火焰进入容器内或火焰沿管线传播。阻火器也用于机动车的排气管以防止喷出火星。

3. 防火门

防火门在火焰中能较长时间地保持稳定性和完整性,起着隔热防烟的作用,限制火灾的蔓延。要实现防火门的隔热防烟效果,首先要保证火灾时防火门处于关闭状态。车间采用的防火门是带有闭门器的常闭式防火门,但在实际使用过程中,闭门器经常损坏。这就要求在做好闭门器维护工作的同时,车间员工还要养成随手关门的习惯。

4. 防爆门斗

防爆门斗是位于防爆区和一般区之间的缓冲区域,可以有效地阻止防爆区的可燃蒸气向一般区扩散,且在发生爆炸时对冲击波有一定的缓冲作用。防爆门斗的防火门同样需要处于常闭状态。

你知道吗?

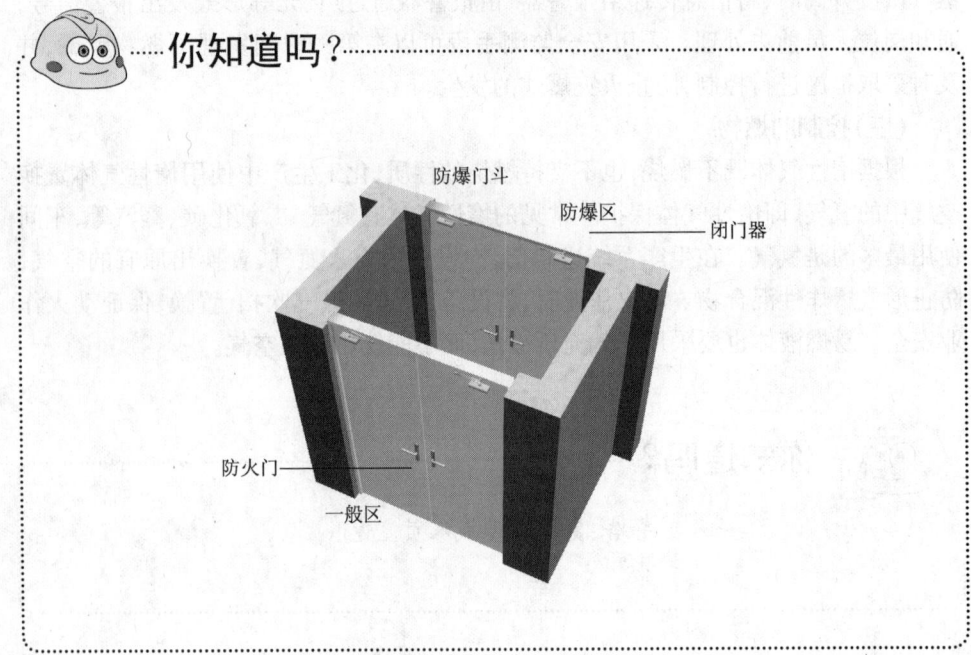

5. 防火堤

防火堤是构筑在储罐四周的密闭矮墙,在易燃液体发生泄漏事故时,用以防止液体外流和火灾蔓延。防火堤必须密实、闭合,而且有效容积不应小于储罐组内一个最大储罐的容积。

6. 防爆泄压装置

防爆泄压装置能够防止压力或冲击波对设备造成损坏,常见的防爆泄压装置有安全阀和爆破片。

(五)医药化工火灾危险性分析

医药化工生产的核心是化学反应,而化学反应过程中存在着不同程度的火灾危险性,不同的化学反应过程的火灾危险性往往不同。结合化学制药企业的生产状况,针对几种典型的化学反应过程和典型单元操作的火灾危险性展开分析。

1. 反应过程火灾危险性分析

(1)氧化反应　氧化反应需要加热,绝大多数是放热反应,反应热若不及时移去,会使温度迅速升高引发爆炸。在反应中,被氧化的物质大部分是易燃易爆物质。而反应所用的氧化剂本身也具有很大的火灾危险性,如过氧化氢、氯酸钾、高锰酸钾等,遇高温或受撞击、摩擦或与有机物、酸类接触,就会着火爆炸。因此,要严格控制反应温度,进行有效的冷却和良好的搅拌,以及控制氧化剂的加料速度和投料量。

(2)还原反应　还原反应种类很多,无论是利用初生态氢还原,还是用催化剂把氢气活化后还原,都有氢气存在,特别是催化加氢还原,大都在加热、加压下进行,若氢气泄漏,极易与空气形成爆炸性混合物,遇火就会爆炸。其他如固体还原剂保险粉、硼氢化物、氢化锂铝、氢化钠等都是遇湿易燃危险品,本身就具有很大的火灾危险性。因此,需严格控制反应温度以及反应设备的密闭性等。

(3)硝化反应　硝化是放热反应,温度越高,反应速率越快,放出热量越多,反应需在降温条件下进行,否则易引起火灾和爆炸事故。因此控制反应的温度是关键,可以通过有效的冷却、良好的搅拌、控制反应速度等方法实现。此外,硝化剂具有较强的氧化性,常用的硝化剂如硝酸、硫酸、混合酸等,它们与油脂、有机物接触即能引起燃烧。而被硝化的物质(如苯、甲苯、甘油等)也大多易燃,若使用或贮存管理不当,易造成火灾。硝化产品大都有着火爆炸的危险,受热、摩擦、撞击或接触明火,极易发生爆炸或火灾。

(4)缩合反应　缩合反应一般在常压下进行,在缩合反应中要严格控制反应温度和适宜的搅拌速度。有时有聚合副反应,反应过程中若不能充分搅拌,就会引起爆聚,发生爆炸事故。

(5)氯化反应　氯化反应是放热反应,温度越高,反应越剧烈,放出的氯化氢气体越多,设备易受腐蚀而发生泄漏,容易造成火灾或爆炸。常用的氯化剂有气态氯或液态氯、三氯化磷、次氯酸钙等;氯化反应的原料大多是有机易燃物,本身容易发生火灾爆炸。而最常用的液态氯,不仅属剧毒品,且氧化性极强,贮存压力较高,一旦泄漏,危险性很大。因此,氯化反应的关键是控制投料配比、温度、压力和氯化剂的加料速度。

(6)磺化反应　磺化反应是典型的放热反应,若不进行有效控制,很可能使反应温度超高,以致发生火灾或爆炸事故。常用的磺化剂有浓硫酸、发烟硫酸、三氧化硫,它们都能强烈地吸水放热,引起温度升高。磺化反应中所用原料如苯、取代苯均为可燃物,磺化剂浓硫酸、发烟硫酸等又都是氧化性较强的物质,因此要严格控制反应温度和投料速度,进行有效的冷却和良好的搅拌。

2. 单元操作火灾危险性分析

虽然医药化工生产中的化学反应种类繁多,但是生产中的各步操作(单元操作)却相对比较固定,下面将着重分析几种典型单元操作的火灾危险性。

(1)物料输送　由于医药化工生产中所输送的物料大部分为有机易燃物,因此要防止在输送过程中会产生静电,或在搬运过程中由于撞击摩擦产生火花而引发火灾。

(2)加热　加热是最常见的控制条件。若温度过高,反应速率加快,容易引发火灾爆炸。若升温速度过快,容易使反应温度超过规定的温度上限。因此,在加热过程中要严格控制温度的上限和升温速度。

(3)冷却　冷却一般比加热安全,但应该控制冷却温度的下限,以免过度冷却,造成物料太稠。冷却速度也不可太快,以免温差太大,引起设备渗漏,引发事故。忌水物料的冷却介质应该选用凝固点低的矿物油,以免遇水发生爆炸。

(4)蒸馏　蒸馏是医药化工企业常见单元操作,主要有减压蒸馏和常压蒸馏,通常以蒸汽、载体加热、电加热等方式进行加热,而加热物料往往是易燃、可燃液体,极易造成火灾。因此,要严格控制加热温度、保证冷却效果以及反应设备管道的密闭性和系统的静电消除。

(5)搅拌　把物料拌匀,以利进行反应,通常都是用机械搅拌。机械搅拌时要严格控制温度、搅拌速度以及防静电措施。

(6)pH　加酸、碱调节 pH 时,都会产生热量,所以加的速度不宜过快,而且要控制温度。调节 pH 时,酸、碱也不能加过头,要严格控制 pH。

(7)过滤　当过滤易燃液体时,防火的重点主要是设备的静电消除,以及防止物料的泄漏。

(8)干燥　干燥的火灾危险性主要在于加热方式及被加热物质的化学特性。因此,干燥工艺的防火关键是合理选用干燥设备和控制干燥温度。在加热方式上尽可能用蒸汽加热等代替电加热、明火加热。

(9)筛分、粉碎　筛分与粉碎过程中的火灾危险性在于此时的物料一般为可燃物料,可燃粉尘往往能达到爆炸极限,如遇明火、赤热表面或火花等就能引起火灾、爆炸。因此,这一操作单元的防火重点是增加场所的相对湿度以及避免产生火花的措施。

(六)医药化工生产过程中爆炸事故分析

1. 泄漏引起火灾爆炸

化工原料大多是易爆介质,设备破裂泄漏时极易导致火灾和爆炸事故。经常发生破裂泄漏的部位有设备连接的焊缝处、阀门密封垫片处、管段的变径和弯头处、管道阀门、法兰、长期接触腐蚀性介质的设备、输送机械等。

2. 设备内形成爆炸性混合物

在停车检修和开车时,未对设备进行置换,或采用非惰性气体置换,或置换不彻底,空气混入设备内,形成爆炸性混合物。

3. 设备内超压爆炸

设备的超压爆炸与操作失误或反应异常有关,生产系统发生超温、超压的恶性循环,最终导致设备、管线发生超压爆炸事故。

4. 设备堵塞爆炸

设备发生堵塞,会使系统压力急剧增大,导致爆炸破裂事故。输送具有黏性或湿度较高的粉状、颗粒状物料的管道,易在供料处、转弯处粘附管壁最终导致堵塞。

5. 发生自燃火灾

设备内结焦、积炭,在高温高压下易自燃,引起燃烧或爆炸。在加工含硫原料炼油厂的高压管线中,硫化亚铁是一种很常见的物质,它是铁锈和硫化氢发生反应的产物,设备停用后打开,及维修之前与空气接触,就会迅速发生自燃爆炸。

五、消防知识

(一)灭火原理

灭火就是破坏燃烧条件,使燃烧反应终止。对于已经开始的燃烧过程,只要消除"燃烧三要素"中的任何一个条件,燃烧就会终止。根据消除的燃烧条件不同,将灭火原理分为四类。

1. 冷却灭火

冷却灭火是根据可燃物质必须达到一定的温度才能燃烧的条件,将可燃物质的温度冷却到燃点以下,从而使燃烧终止。水的灭火原理主要是冷却作用,同时还可以用水冷却尚未燃烧的物质,防止火势扩大,例如用水冷却燃烧储罐周围的其他罐体。

2. 窒息灭火

通过降低燃烧物周围的氧气浓度,从而起到灭火作用。二氧化碳、氮气、泡沫、沙土及灭火毯的灭火原理主要是窒息作用。

3. 隔离灭火

隔离灭火是根据燃烧必须具备可燃物这个条件,将尚未燃烧的物质与燃烧物隔开或分离,使燃烧停止。发生泄漏引起火灾时,首先要将泄漏处进行堵漏,中断可燃物的供给。可燃液体泄漏后四处流淌时,可用沙土筑堤围堵,限制燃烧面积。

4. 化学抑制

化学抑制的原理是使灭火剂参与到燃烧的反应中去,将反应活化中心的活性降低,从而使燃烧停止。干粉灭火剂的主要原理就是化学抑制。

(二)常用消防设施

1.灭火器

灭火器是指在压力的作用下,将充装的灭火剂喷出,用以扑灭火灾。灭火器主要用于扑救初起火灾,虽然它的灭火效力赶不上现代大型灭火器械,但它是灭火器械的基础,是群众性的防火灭火工具。

(1)二氧化碳灭火器　二氧化碳灭火器的钢瓶内存储有高压液态二氧化碳,喷出气化后利用窒息和冷却作用将火灾扑灭,可用于扑救A、B、C、E类火灾。由于二氧化碳灭火不留痕迹,多用来扑灭精密仪器和一般电气火灾,车间的二氧化碳灭火器一般配置在配电室和控制室。

使用方法:在距燃烧物5m处,放下灭火器,拔下保险销,把喇叭筒往上扳70°~90°对准火焰根部,压下压把开启灭火器进行灭火。

使用注意事项:当不戴防护手套时,不要用手直接握塑料喷筒或金属管,以防冻伤。在狭小的室内空间使用时,灭火后应迅速撤离,以防窒息。在室外应选择在上风口喷射。

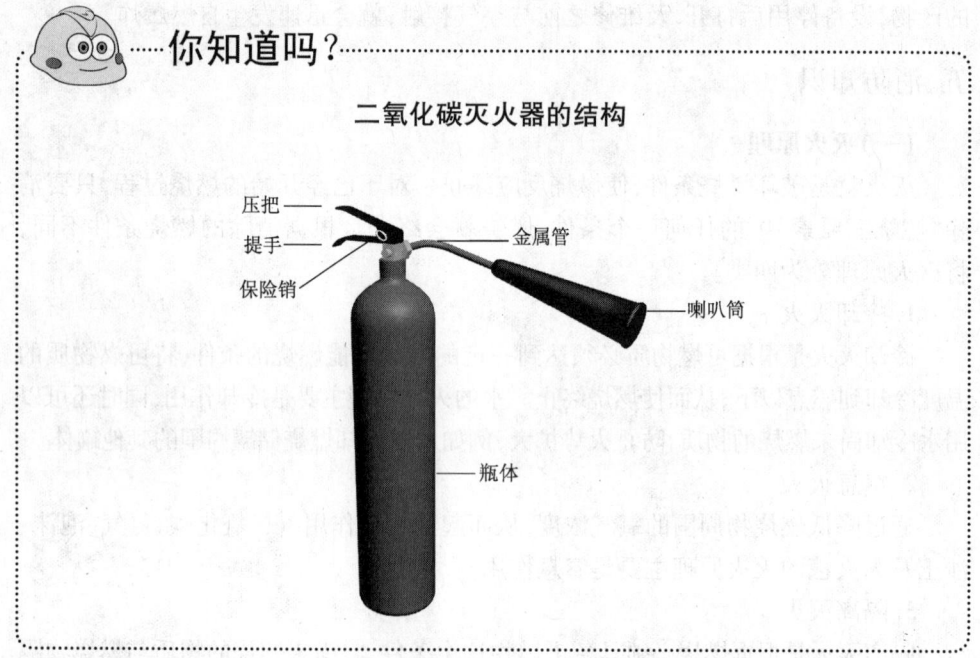

你知道吗?

二氧化碳灭火器的结构

(2)干粉灭火器　干粉灭火器以高压氮气为动力喷射干粉灭火剂进行灭火。按充装灭火剂的不同,干粉灭火器可分为ABC型和BC型两种。ABC型使用的灭火剂是磷酸铵盐,可以用来扑救 A、B、C、E 类火灾,车间配备的均是该型灭火器。BC 型使用的灭火剂是碳酸氢钠,可以用来扑救 B、C、E 类火灾。按照干粉充装量和移动方式的区别,干粉灭火器可分为手提式和推车式两种。车间配备的手提式干粉灭火器的灭火剂充装量为8kg,推车式为35kg。

手提式干粉灭火器的使用方法:先将灭火器上下颠倒几次,使瓶内干粉松动。在距燃烧物 5m 处,放下灭火器,拔下保险销,握住喷嘴对准火焰根部,压下压把开启灭火器进行灭火。

使用注意事项:使用时应始终压住压把,不能松开,否则会中断喷射。使用时灭火器应保持直立状态,不能横卧或颠倒。在室外应选择在上风向喷射。

推车式干粉灭火器的使用方法:一般由两人操作。在距燃烧物 8m 处,一人取下喇叭筒并展开喷射软管后,握住喇叭筒的手柄对准火焰根部,另一人快速打开瓶体开关,进行灭火。

使用注意事项:喷射软管一定要完全展开,否则有鼓破的危险。

你知道吗?

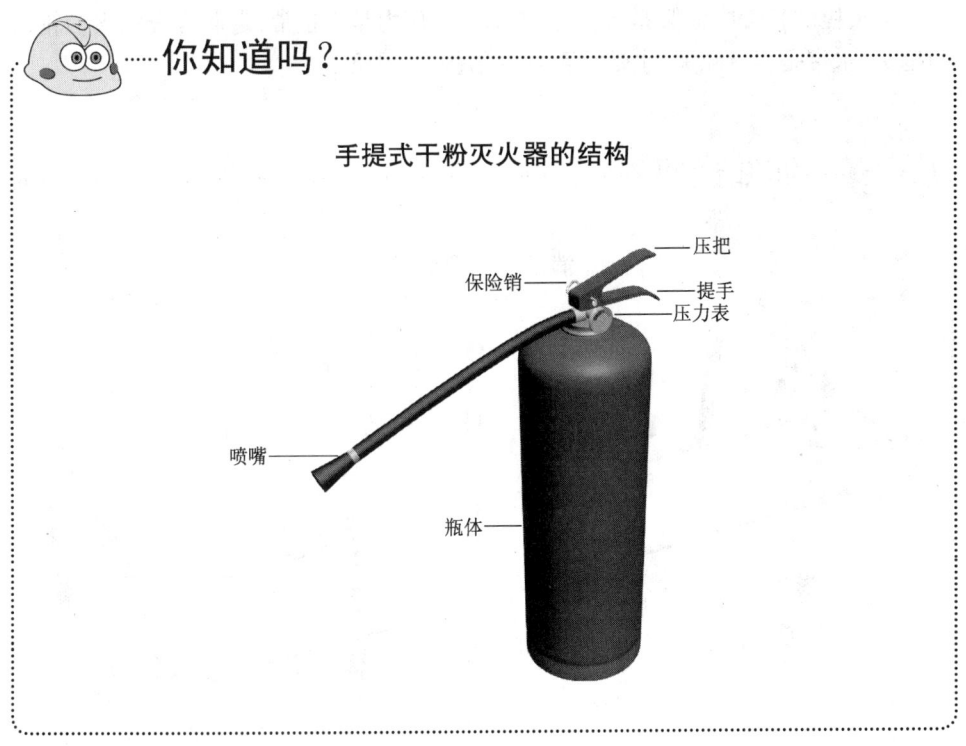

手提式干粉灭火器的结构

(3)灭火器的日常维护保养 灭火器的使用温度一般为 −20~55℃,应避免暴晒,远离热源。灭火器应防止受潮腐蚀,避免剧烈碰撞。定期检查保险销铅封是否完好,灭火器一旦开启,必须再充装。定期检查干粉灭火器的压力。压力表的绿色区域,表示灭火器内压力正常(1.0~1.4MPa);红色区域表示压力过低,应进行维修;黄色区域表示超充装。车间灭火器每两年检验一次。

2. 消火栓

消火栓是以水为灭火剂的重要消防设施。灭火器用来扑救初起火灾,当火势扩大后就需要使用消火栓进行进一步的扑救工作。根据安装位置的不同,消火栓可分为室内消火栓和室外消火栓。

消火栓的使用方法:迅速跑向距离起火部位最近的消火栓处,接好水带、水枪,并铺开水带跑向起火地点,对准起火点,摆好姿势,喷水冷却灭火。

人多时三人一组,一人握住水带跑向起火地点,同时接上喷枪,对准喷射物;另一人随后理顺水带,之后上前与第一人共同握住水带;第三人负责接上消火栓并打开阀门。

人少时两人一组,一人握住水带跑向起火地点,同时接上喷枪,对准喷射物;另一人随后理顺水带,再迅速跑向消火栓处,接上消火栓并打开阀门,迅速上前与第一人共同握住水带,喷水灭火。

消火栓的日常维护保养:定期检查消防水压力是否正常,定期检查消火栓箱内的枪头、水带是否有缺失,水带是否有老化、破损现象。

你知道吗?

消防水的双保险

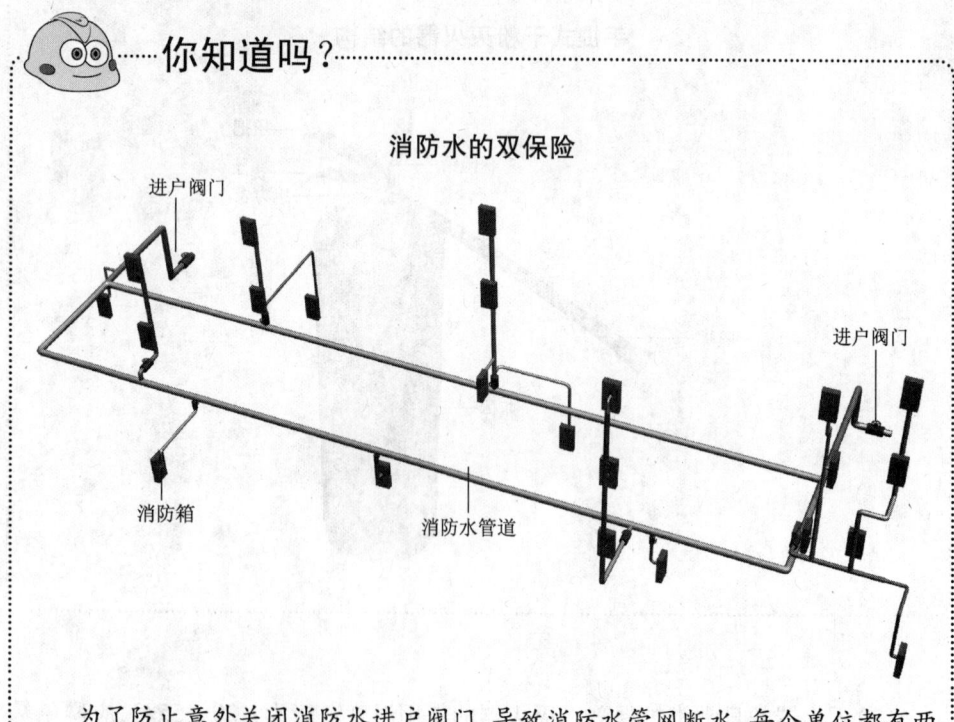

为了防止意外关闭消防水进户阀门,导致消防水管网断水,每个单位都有两个消防水进户阀门,确保万无一失。

3. 安全疏散设施

（1）安全出口　指用于人员疏散的通向室外地平面的出口。安全出口的门要向疏散方向开启。车间要求各单体的安全出口不使用钥匙就可以从内侧打开。

（2）疏散通道　指通向安全出口等安全区域的室内通道。应保持疏散通道的畅通，不得放置物料或其他影响疏散的杂物。

（3）疏散楼梯　指具有防火防烟功能可用于人员疏散的楼梯，分为室内疏散楼梯和室外疏散楼梯。

（4）疏散标志灯　按工作原理的不同，疏散标志灯可以分为充电式和自发光式两种，车间使用较多的是充电式标志灯。按指示内容的不同，疏散标志灯又可以分为疏散方向标志灯和安全出口标志灯两种。疏散方向标志灯应设置在1m以下的墙面上，安全出口标志灯设置在安全出口顶部墙上。

（5）应急照明灯　应急照明灯内有蓄电池，当正常电源中断时，由蓄电池向照明灯供电。按工作方式分为持续式和非持续式两种。

（三）火灾扑救与火场逃生

1. 火灾报警

发生着火后不要惊慌，应立即用身边的灭火器材进行扑救，并向周围同事、车间领导、公司保卫部或119消防队报警。

通过电话向119消防队报警时，应叙述清楚下列内容：发生火灾单位的详细地址；起火物质；火势情况；火场人员被困情况；受威胁物质；报警人姓名及所用电话号码。

报警后要安排专人到路口迎接消防车。

2. 火灾扑救

车间生产使用的易燃液体发生火灾后，火势发展猛烈，扑救难度大，甚至有发生爆炸的可能。在扑救易燃液体火灾时，需注意以下事项：

（1）当有人员受伤或被困时，应积极进行抢救或救援。

（2）若易燃液体泄漏而引起火灾，首先要关闭泄漏阀门或封堵漏点，切断可燃物质的补给。

（3）泄漏的易燃液体顺地面流淌会扩大火灾面积，此时应使用消防沙筑堤围堵。

（4）将着火部位周围容器内的易燃物料输送转移至安全区域，若条件不允许，应用水对罐体进行冷却降温。

（5）车间使用的乙酸丁酯、丁醇等易燃液体密度比水小又难溶于水，会浮在水面上随之流淌而扩大火灾，所以不能用水扑救。

（6）使用干粉灭火器扑救火灾时，要对准火焰根部。若易燃液体在容器内燃烧时，不能将喷嘴直接对准液面喷射，防止喷射气流使易燃液体溅出而扩大火势。

（7）如果易燃液体在容器内燃烧时间过长，容器壁的温度已超过其自燃温度，此时应防止发生复燃。

3. 火灾逃生

火灾发生后,火场里的物质燃烧会产生许多有毒物质,对火场中的人员构成威胁。据统计,火灾的死亡人数中大约有80%是由于吸入燃烧产生的有毒烟气而致死的。为了避免和减少人员伤亡,发生火灾后要及时进行疏散。在疏散过程中需注意以下事项:

(1)发生火灾后,现场人员在采取必要的工艺技术措施后,要立即从安全通道疏散到安全区域。

(2)疏散时,面对火灾要保持冷静,不要慌乱,也不要延误时间,要树立时间就是生命,逃生第一的思想。戴上防毒口罩,身边没有防毒口罩时可用湿毛巾、湿衣服捂鼻,尽量用短呼吸,快速撤离。受到火势威胁时,要当机立断用水浇身向安全出口方向冲出去。

(3)疏散时,不要拥挤,推搡。通道内烟气太浓,辨不清道路时,采取前后扯着衣襟或喊话的方式,向室外安全地点撤离。

(4)熟悉环境,暗记出口。当疏散辨不清方向时,不要盲目地跟从人流相互拥挤、乱冲乱撞,要仔细认准疏散标志,按照疏散标志指示方向逃生。

(5)通过浓烟区时,要尽可能以最低姿势或匍匐姿势快速前进,并用湿毛巾捂住口鼻。

(6)如果身上衣服着火,应迅速将衣服脱下,如果来不及脱掉可以就地翻滚,将火压灭。不要穿着火的衣服跑动。如人体已被烧伤时,应注意不要跳入污水中,以防感染。

(7)禁止乘坐电梯逃生。

(8)离开火灾现场后,人员要立即疏散到上风口的安全处。

(9)清点人员,确认火场有无人员被困。

案例

双氧水生产装置爆炸事故

2012年8月某化工厂双氧水生产装置在停车过程中发生爆炸事故,造成3人死亡,7人受伤,伤亡损失惨重,社会影响较大。

事故回放:双氧水生产中,循环工作液泵跳停,开启备用泵约5min后氧化液泵跳停,装置紧急停车,车间通知电工检修线路,未发现异常。交接班开车。控制室人员发现氧化塔内压力持续升高,通过远程控制尾气调节阀泄压,但压力继续急剧升高,导致爆炸,大量物料喷出,整套装置起火燃烧。

 **案例**

事故原因分析：①直接原因是双氧水装置内氧化液含杂质较多，导致双氧水逐渐分解，工作液泵跳停，系统紧急停车，但操作人员未采取可靠的防范措施，导致双氧水分解产生的压力和热量无法释放和移走，分解加剧，造成氧化塔发生爆炸。②间接原因是操作人员未掌握异常情况下的应急处置措施，发现异常现象时，未正确判断原因，也未采取有效措施防止事故发生。

任务三　危险化学品安全知识

医药化工企业使用的大宗危险化学品种类众多,涉及储存、运输、使用、废弃四个环节,是典型的危险化学品使用单位。如果发生危险化学品事故,轻则人员伤害、设备损坏,重则导致人员伤亡、整个车间毁于一旦。因此危险化学品管理是医药生产企业安全工作的重中之重。

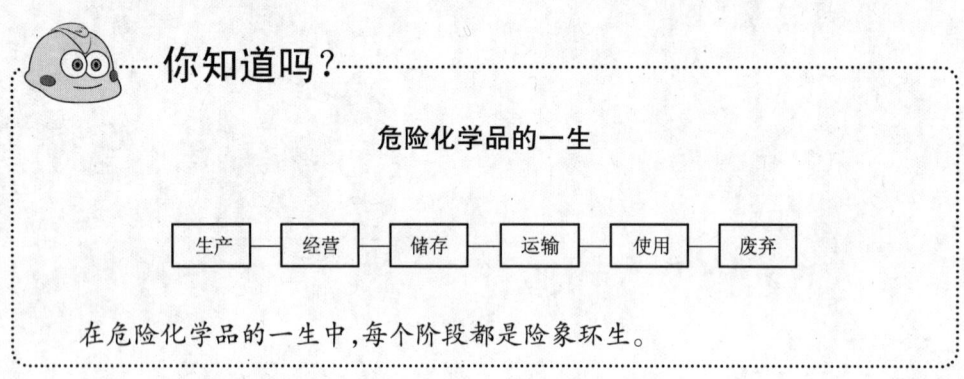

你知道吗?

危险化学品的一生

生产 → 经营 → 储存 → 运输 → 使用 → 废弃

在危险化学品的一生中,每个阶段都是险象环生。

一、危险化学品的概念及分类

(一)危险化学品的概念

车间生产使用的原料繁多,性质各异。有的物料性质稳定,如纯化水、玉米浆等,这类物料称为"普通化学品"。有的物料性质活泼,如丁醇、硫酸、硫酸二甲酯等,易造成火灾爆炸、人体灼伤、环境污染等事故,需要特殊的管理措施和操作要求,这类物料称为"危险化学品"。

危险化学品的定义:化学品中具有易燃、易爆、有毒、有害及腐蚀性,对人员、设施、环境造成伤害或损害的化学品。

在生产实践中,按照国家安全生产监督管理总局公布的《危险化学品名录》进行危险化学品鉴别,凡收录在该名录中的化学品均属于危险化学品。

 **你知道吗?**

危险无处不在

这里所说的"危险"是一个相对概念,并不是说该名录之外的化学品就没有危险性,比如硫酸铵、苯乙酸都不属于危险化学品,但它们也有一定的腐蚀性,操作时应多加注意。

(二)危险化学品的分类

在 2008 版《危险化学品目录》中收载了 3777 种危险化学品,危险化学品性质各异,危险性大小不一,一种危险化学品常具有多种危险性。为便于管理和采取相应的安全措施,根据《危险货物分类和品名编号》(GB 6944—2005)中化学品危险特性,将危险化学品分为九类:

第 1 类　爆炸品;
第 2 类　压缩气体和液化气体;
第 3 类　易燃液体;
第 4 类　易燃固体、自燃物品和遇湿易燃物品;
第 5 类　氧化剂和有机过氧化物;
第 6 类　毒害品和感染性物品;
第 7 类　放射性物品;
第 8 类　腐蚀品;
第 9 类　杂类。

1.爆炸品

指在外界作用下(如受热、摩擦、撞击等),能发生剧烈化学反应,瞬时产生大量的气体和热量,使周围压力急剧上升,发生爆炸且对周围环境造成破坏的物品。例如,黑火药、苦味酸、2,4,6-三硝基甲苯(TNT)。

爆炸品标志牌见图 3-1。

图 3-1　爆炸品标志牌

2.压缩气体和液化气体

(1)定义　指压缩、液化或加压溶解的气体。压缩气体和液化气体通常存储在密封容器(气瓶)内。在容器内处于气体状态的称为压缩气体,如分析岗位使用的高纯氮气;处于液体状态的称为液化气体,如家庭厨房使用的液化石油气;加压溶解的最典型例子是气割(焊)作业使用的溶解乙炔。

你知道吗？

溶解乙炔

为防止乙炔加压时发生爆炸，通常在气瓶内先装进活性炭，并加入丙酮，然后充入乙炔，使乙炔溶解于丙酮中，并分布在活性炭的细孔内，这样能增大乙炔的储存量，并使乙炔分子被丙酮分子隔开，降低乙炔的爆炸能力。

（2）危险特性

①受热膨胀性：当气瓶中的压缩气体和液化气体受热、撞击或强烈震动时，气体发生膨胀，容器内的压力会急剧增大。当压力超过容器的耐压强度时就会发生物理性爆炸。

②由气体本身的化学性质所引起的：压缩气体和液化气体虽然有着共同的物理特性，但各种气体本身的化学性质却千差万别，据此可将本类化学品分为三类：a.易燃气体，例如，气割（焊）使用的溶解乙炔；b.不燃气体，例如，空压机组产生的压缩空气、制氮机组产生的氮气、气割（焊）使用的氧气，氩弧焊使用的氩气；c.有毒气体，例如，氯气、液氨。

易燃气体、不燃气体、有毒气体标志牌见图3-2。

图3-2 易燃气体、不燃气体、有毒气体标志牌

如果发生气体泄漏，因其本身的化学性质，可能引起火灾、爆炸、窒息、中毒等事故。

（3）安全操作要点

①搬运气瓶时必须佩戴好瓶帽，套上两个防震圈，轻装轻卸，严禁碰撞、抛掷、滚滑。

②气瓶应储存在阴凉、通风、干燥的库房，空瓶、实瓶分开放置，并有明显标志。

③气瓶与其他危险化学品不得任意混放。

④使用前应进行安全状况检查，确保减压阀（专用）、瓶阀、压力表完好、无

泄漏。

⑤气瓶立放时要有防倾倒措施,乙炔气瓶严禁卧放,以防止丙酮流出。

⑥气瓶要远离高温、明火,严禁用超过40℃的热源对气瓶加热,夏季不得在阳光下暴晒。

⑦气瓶使用完毕后必须关闭瓶阀。

⑧气瓶内气体不得用尽,必须留有余压,且不得低于0.05MPa,以防其他物质踹入。

3. 易燃液体

(1)定义 指闪点低于或等于61℃的液体。

按闪点将此类危险化学品分为以下三类:

①低闪点液体:闪点 < -18℃,如,乙醚(-45℃)。

②中闪点液体: -18℃ ≤闪点 <23℃,如,乙酸丁酯(22℃)。

③高闪点液体:23℃ ≤ 闪点 ≤ 61℃,如,丁醇(35℃)。

易燃液体标志牌见图3-3。

图3-3 易燃液体标志牌

(2)物理危险特性

①高度挥发性:易燃液体大都是沸点低、挥发性强的物质,随着温度的升高,蒸发速度加快,当蒸气与空气达到一定浓度时遇火源极易发生燃烧、爆炸。

②蒸气密度比空气重:例如乙酸丁酯的蒸气相对密度为4.1,积聚在地面附近不易散去,特别是在低洼处和通风不良的房间内尤为明显。

③高度流动扩散性:易燃液体的黏度一般都很小,而且大多数易燃液体的比重较小且不溶于水,会随水流动而扩散。还有渗透、浸润作用,即使容器只有细微裂缝,易燃液体也会渗出,扩大其表面积,不断挥发,使空气中的蒸气浓度增高,并向四周扩散。

④受热膨胀性:易燃液体受热后体积容易膨胀,蒸气压也会随之升高。在密封容器存储时,会因内部压力增大而造成"胀桶",甚至爆裂,爆裂时产生的火花又会引起易燃液体燃烧爆炸。所以易燃液体应存储在阴凉处,必须避热,灌装容器应留有5%以上的空隙,不可灌满。

⑤电阻率大,易积聚静电:由于电阻率大,如在运输、使用过程中发生摩擦,极易聚积静电并产生静电放电现象,将可燃蒸气点燃而引起燃烧、爆炸。

(3)化学危险特性

①高度易燃性:易燃液体几乎都是有机化合物,闪点比较低,大多都在常温以下,同时它们的"燃点"也很低,故遇热、明火极易被点燃。

②蒸气易爆性:当易燃液体挥发出来的蒸气浓度到达爆炸极限时,遇明火就会发生爆炸。在使用过程中应防止可燃性蒸气的聚积,将浓度控制在爆炸极限以下,

防止事故发生。

③能与强酸、氧化剂强烈反应:易燃液体遇强酸(如浓硫酸、硝酸)及氧化剂(高锰酸钾)等会剧烈反应甚至自行燃烧。因此使用过程中注意易燃液体与强酸、氧化剂的有效隔离。

④毒性:大多数易燃液体都有一定的毒性,通过皮肤、呼吸道或消化道被人体吸收而中毒。

(4)安全操作要点

①易燃液体应储存在阴凉、通风、干燥的库房,远离火种、氧化剂和酸。

②固定顶储罐应设置阻火器和呼吸阀,并定期检查维护。

③装卸车应避开高温时段和异常天气。

④装卸车时槽车应保持可靠的静电接地,并采用导静电软管。

⑤禁止使用自行车、电瓶车作为运输工具。

⑥禁止携带火种进入使用、储存易燃液体的区域。

⑦作业过程中要时刻注意防止静电危害。

⑧采用符合防爆要求的电气设备。

4. 易燃固体、自燃物品和遇湿易燃物品

(1)定义 指易于引起火灾的化学品。

(2)分类

按其燃烧特性分为以下三类:

①易燃固体:指燃点低,对热、撞击、摩擦敏感,易被外部火源点燃,燃烧迅速,可能发出有毒烟雾或有毒气体的固体。如,红磷、硫磺。

②自燃物品:指燃点低,在空气中易于发生氧化反应,放出热量,而自行燃烧的物品。如,白磷、三乙基铝。

③遇湿易燃物品:指遇水或受潮时,发生剧烈化学反应,放出大量的易燃气体和热量的物品。有些不需要明火,即能燃烧或爆炸。如,钠、钾。

易燃固体、自燃物品和遇湿易燃物品标志牌见图3-4。

图3-4 易燃固体、自燃物品和遇湿易燃物品标志牌

5. 氧化剂和有机过氧化物

（1）定义　指具有强氧化性，易引起燃烧、爆炸的化学品。

（2）分类　按其组成分为以下两类。

①氧化剂：指处于高氧化态，有强氧化性，分解并放出氧和热量的物质。包括含有过氧基的无机物，其本身不一定可燃，但能导致可燃物的燃烧，与粉末状可燃物能组成爆炸性混合物，对热、振动或摩擦较为敏感。如，过氧化钠、高锰酸钾。

氧化剂、有机过氧化物标志牌见图 3-5。

图 3-5　氧化剂、有机过氧化物标志牌

②有机过氧化物：指分子结构中含有过氧键的有机物，本身易燃易爆、极易分解，对热、震动、摩擦极为敏感。例如，过氧化苯甲酰、过氧化甲乙酮。

6. 毒害品和感染性物品

（1）毒害品　指进入肌体后，累积达一定量，能与体液和组织发生生物化学作用或生物物理学作用，扰乱或破坏肌体的正常生理功能，引起暂时性或持久性的病理改变，甚至危及生命的物品。如，氰化钠、砷酸盐。

（2）感染性物品　指含有致病的微生物，能引起病态，甚至死亡的物质。

毒害品和感染性物品标志牌见图 3-6。

图 3-6　毒害品和感染性物品标志牌

7. 放射性物品

指具有一定放射性的物品。如，铀、镭。放射性物品标志牌见图 3-7。

图 3-7 放射性物品标志牌

8.腐蚀品

(1)定义　指能灼伤人体组织并对金属等物品造成损坏的固体或液体。按其化学性质分为以下三类：

①酸性腐蚀品：如，硫酸、盐酸。

②碱性腐蚀品：如，氢氧化钠、乙醇钠。

③其他腐蚀品：如，甲醛。

腐蚀品标志牌见图 3-8。

图 3-8　腐蚀品标志牌

(2)危险特性

①强烈的腐蚀性

a.对人体有腐蚀作用，造成化学灼伤。腐蚀品使人体细胞受到破坏所形成的化学灼伤与烧伤、烫伤不同，化学灼伤在开始时往往不太痛，待发觉时部分组织已经灼伤坏死，所以较难治愈。

b.对金属有腐蚀作用。腐蚀品中的酸和碱、甚至盐类都能引起金属不同程度的锈蚀。

c.对有机物质有腐蚀作用。能和布料、木材、纸张、皮革等发生化学反应，使其遭受腐蚀损坏。

d.对建筑物的腐蚀作用。如可以腐蚀车间的水泥地面，所以硫酸、液碱储罐四周的地面要铺设大理石等防腐材料。

②氧化性：部分无机酸性腐蚀品，如浓硝酸、浓硫酸、高氯酸等具有氧化功能，遇有机化合物如食糖、稻草、木屑、松节油等易因氧化发热而引起燃烧。

③稀释放热性：多种腐蚀品遇水会放出大量的热，造成液体四处飞溅而造成人体灼伤。

(3)安全操作要点

①防止与易燃物品、氧化剂接触。

②操作人员应穿戴防护用品，现场准备急救物品。

9.杂类

本类化学品指在运输过程中呈现的危险性质不包括在上述八类危险性中的物品。杂类化学品标志牌见图3-9。

图3-9　杂类化学品标志牌

案例

"3·18"硝酸泄漏事故

2004年3月18日,某公司新合成楼发生硝酸泄漏事故,楼顶烟雾弥漫,周围充满刺鼻的硝酸气味,市消防大队派出数辆消防车前来抢救,幸亏发现较早,处理及时,没有造成更大的损失。

事发当天,溶剂库岗位上两人中有一人请假,只有王某一人值班,王某无视公司劳动纪律,擅自脱岗。恰在这时,十一车间的一位新职工胡某前来领料,胡某在发现无人值班的情况下,自以为是地错误开启硝酸泵,经过一段时间运行,致使新合成四楼硝酸储罐充满外溢,导致事故发生。

事故教训:通过该事故,反映出员工的安全意识淡薄极易引起事故发生,安全生产责任制落实不到位,安全生产规章制度不健全,新员工的进厂"三级教育"不执行,必然存在安全隐患,引起各类事故的发生。

二、危险化学品的安全技术说明书与安全标签以及重大危险源

（一）危险化学品的安全技术说明书与安全标签

安全技术说明书(MSDS)是一份关于危险化学品燃爆、毒性、环境危害、安全使用、应急处置、主要理化参数和法律法规等方面信息的综合文件。安全技术说明书作为基础的技术文件,为危险化学品储存、运输、使用、废弃等各环节制定安全操作规程提供技术信息,同时也是企业安全教育的主要内容。

安全技术说明书包含16项信息:

（1）化学品及企业标识;

（2）成分组成信息;

(3)危险性概述;

(4)急救措施;

(5)消防措施;

(6)泄漏应急处理;

(7)操作处置与储存;

(8)接触控制/个体防护;

(9)理化特性;

(10)稳定性和反应活性;

(11)毒理学资料;

(12)生态学资料;

(13)废弃处置;

(14)运输信息;

(15)法规信息;

(16)其他信息。

安全标签是指附在化学品包装上的标签,用简单、易于理解的文字和图像向作业人员传递危险化学品的安全信息。

安全标签(图3-10,图3-11)的内容包括物质名称、编号、危险性标志、警示词、危险性概述、安全措施、灭火方法、生产厂家、地址、电话、应急咨询电话、提示参阅 MSDS 等。

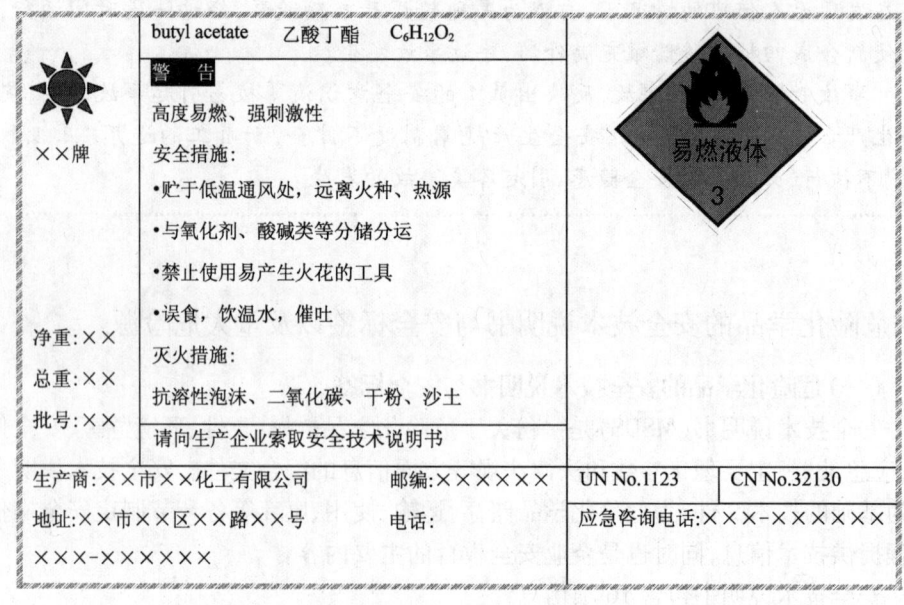

图3-10 乙酸丁酯安全技术说明书与安全标签

图3-11 氢氧化钠安全技术说明书与安全标签

(二)重大危险源

重大危险源指长期或临时生产、加工、搬运、使用或贮存危险物质,且危险物质的数量等于或超过临界量。如表3-1中丙酮和乙酸乙酯就属于重大危险源。

表3-1 重大危险源举例

危险物质	危险性类别	储存量/t	临界量/t
丙酮	易燃液体(闪点-16℃)	550	500
乙酸乙酯	易燃液体(闪点-4℃)	500	500
乙酸丁酯	易燃液体(闪点22℃)	400	1000
丁醇	易燃液体(闪点35℃)	300	5000

三、危险化学品生产、贮存安全

(一)危险化学品生产、贮存制度

生产、贮存危险化学品的单位,应当根据其生产、贮存危险化学品的种类和危险特性,在作业场所设置相应的监测、监控、通风、防晒、调温、防火、灭火、防爆、泄压、防毒、中和、防潮、防雷、防静电、防腐、防泄漏以及隔离操作等安全设施、设备,并按照国家标准、行业标准或者国家有关规定对安全设施、设备进行经常性维护、保养,保证正常使用;在作业场所和安全设施、设备上设置明显的安全警示标志。

在其作业场所设置通信、报警装置,保证处于适用状态。

危险化学品应当贮存在专用仓库、专用场地或者专用贮存室(统称专用仓库)内,并由专人负责管理;剧毒化学品以及贮存数量构成重大危险源的其他危险化学品,应当在专用仓库内单独存放,实行双人收发、双人保管制度。贮存危险化学品的单位应当建立危险化学品出入库核查、登记制度。

(二)化学危险品贮存方式

1. 隔离贮存

隔离贮存是在同一房间或同一区域内,不同的物料之间分开一定的距离,非禁忌物料间用通道保持空间的贮存方式。

2. 隔开贮存

隔开贮存是在同一建筑或同一区域内,用隔板或墙,将其与禁忌物料分离开的贮存方式。

3. 分离贮存

分离贮存是在不同的建筑物或远离所有建筑的外部区域内的贮存方式。

(三)危险化学品的分类贮存原则

(1)遇火、遇热、遇潮能引起燃烧、爆炸或发生化学反应,产生有毒气体的化学危险品不得露天或在潮湿、积水的建筑物中贮存。

(2)易燃液体、遇湿易燃物品、易燃固体不得与氧化剂混合贮存,还原剂和氧化剂应单独存放。

(3)受日光照射能发生化学反应,引起燃烧、爆炸、分解、化合或能产生有毒气体的化学危险品应贮存在一级建筑物中。其包装应采取避光措施。

想一想

根据所学知识说出有哪些因素会发生化学反应引起燃烧、爆炸。

(4)有毒物品应贮存在阴凉、通风、干燥的场所,不要露天存放,不要接近酸类物质。

(5)压缩气体和液化气体必须与爆炸物品、氧化剂、易燃物品、自燃物品、腐蚀性物品隔离贮存。易燃气体不得与助燃气体、剧毒气体同贮;氧气不得与油脂混合贮存;盛装液化气体的容器属压力容器的,必须有压力表、安全阀、紧急切断装置,并定期检查,不得超装。

(6)腐蚀性物品,包装必须严密,不允许泄漏,严禁与液化气体和其他物品共存。

想一想

根据所学化学知识说出常见的物质有哪些是有毒物品、腐蚀性物品?

四、危险化学品使用安全

使用危险化学品的单位,其使用条件应当符合法律、法规的规定,达到国家标准、行业标准的要求,根据所使用的危险化学品的种类、危险特性及使用量和使用方式,建立健全使用危险化学品的安全管理规章制度和安全操作规程,保证危险化学品的安全使用。

使用危险化学品的医药化工企业,应当具备下列条件:

(1)有与所使用的危险化学品相适应的专业技术人员;

(2)有安全管理机构和专职安全管理人员;

(3)有符合国家规定的危险化学品事故应急预案和必要的应急救援器材、设备;

(4)依法进行安全评价。

五、危险化学品的经营及运输安全

1.国家对危险化学品经营(包括仓储经营)实行许可制度

从事危险化学品经营的企业应当具备下列条件:

(1)有符合国家标准、行业标准的经营场所,贮存危险化学品的,还应当有符合国家标准、行业标准的贮存设施;

(2)从业人员应经过专业技术培训并经考核合格;

(3)有健全的安全管理规章制度;

(4)有专职安全管理人员;

(5)有符合国家规定的危险化学品事故应急预案和必要应急救援器材、设备;

(6)法律、法规规定的其他条件。

案例

物流城化学物品爆燃事故

2009年9月2日下午,某物流城发生一起由装载化学物品的货车在卸车过程中引发的意外爆燃事故,共造成18人死亡、10人受伤。

经初步勘察,起火现场具体情况如下:起火地点:某物流配货站;现场着火物质:面漆固化剂(二甲苯、丁酯、聚乙氢酸树脂)、底色漆(二甲苯、乙酸丁酯、乙苯)。

讨论:对照这起事故,分析造成原因。

2. 危险化学品的运输装卸要求

危险化学品的装卸作业应当遵守安全作业标准、规程和制度,并在装卸管理人员的现场指挥或者监控下进行。

危险化学品运输车辆应当悬挂或喷涂符合国家标准要求的警示标志。

托运危险化学品,托运人应当向承运人说明所托运的危险化学品的种类、数量、危险特性以及发生危险情况的应急处置措施,并按照国家有关规定对所托运的危险化学品妥善包装,在外包装上设置相应的标志。

运输危险化学品需要添加抑制剂或者稳定剂时,托运人负责添加,并将有关情况告知承运人。

托运人不得在托运的普通货物中夹带危险化学品,不得将危险化学品匿报或者谎报为普通货物托运。

六、危险化学品防灾应急办法

(1)发现被遗弃的化学品,不要捡拾,应立即拨打报警电话,说清具体位置、包装标志、大致数量以及是否有气味等情况。

(2)立即在事发地点周围设置警告标志,不要在周围逗留。严禁吸烟,以防发生火灾或爆炸。

(3)遇到危险化学品运输车辆发生事故,应尽快离开事故现场,撤离到上风口位置,不围观,并立即拨打报警电话。其他机动车驾驶员要听从工作人员的指挥,有序地通过事故现场。

(4)一旦闻到刺鼻难闻的气味,或发现有毒气体发生泄漏,马上采取必要措施:及时撤离现场,通知其他人员;用湿毛巾捂住口鼻,然后报警;堵截一切火源,不开灯,不要动电器,以免产生火花;熄灭火种,关阀断气,迅速疏散受火势威胁的物资;有关单位要禁止无关人员进入现场。化学品火灾的扑救应由专业消防队来进行。

(5)受到危险化学品伤害时,现场正确处理后,立即到医院救治,不要拖延。

讨论

危险化学品仓库的安全管理

某危险化学品储运公司拥有一个危险化学品库区,内设有3个危险化学品仓库,一个存有苯、甲苯、硫磺、黄磷这4种易燃物质;一个存有氧气;一个存有氮气、氩气等气体。你认为库区按此划分是否合理?你认为该如何划分?

七、认识安全标志

在有危险因素的生产经营场所和有关设施、设备上,设置安全警示标志,及时提醒从业人员注意危险,防止从业人员发生事故,是一项在生产过程中,保障生产经营单位安全生产的重要措施。

安全标志是用以表达特定安全信息的标志,由图形符号、安全色、几何形状(边框)或文字构成。

安全色是传递安全信息含义的颜色,包括红、蓝、黄、绿四种颜色。安全标志分禁止标志、警告标志、指令标志和提示标志。

1. 禁止标志

禁止标志是禁止人们不安全行为的图形标志。禁止标志的基本形式是带斜杠的圆边框,白底黑色图案,红色轮廓线。如图 3-12 所示。

图 3-12

图 3-12　常见的禁止标志

2. 警告标志

警告标志是提醒人们对周围环境引起注意,以避免可能发生危险的图形标志。警告标志的基本型式是正三角形边框,黄底黑色图案,黑色轮廓线,如图 3-13 所示。

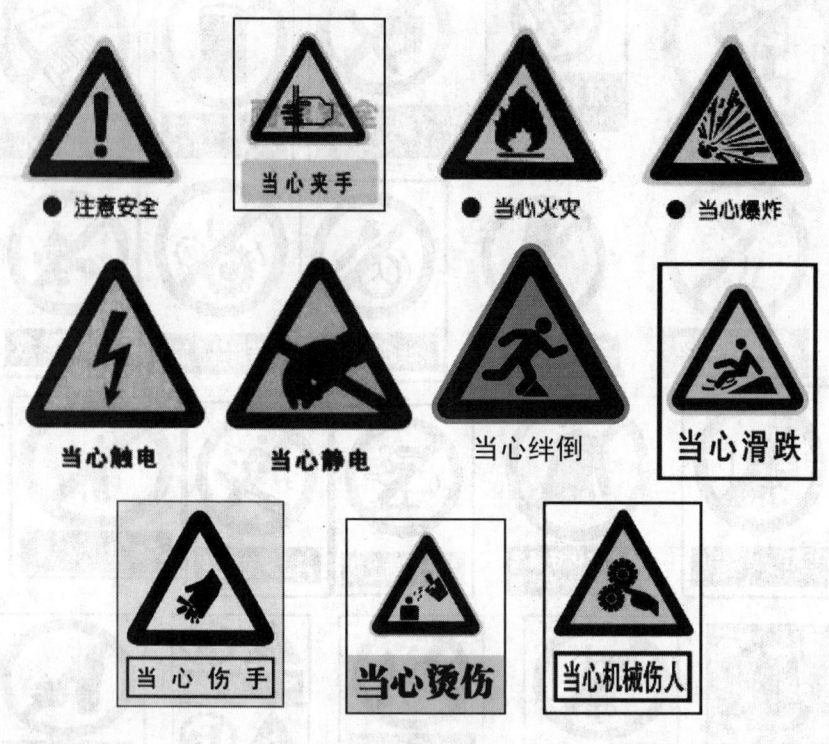

图 3-13　常见的警告标志

3. 指令标志

指令标志是强制人们必须做出某种动作或采用防范措施的图形标志。蓝底白色图案,如图 3-14 所示。

4. 提示标志

提示标志是向人们提供某种信息(如标明安全设施或场所等)的图形标志。绿底/红底白色图案或文字,如图 3-15 所示。

图 3-14 常见的指令标志

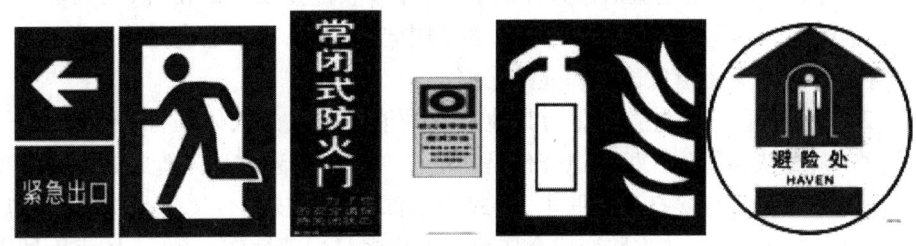

图 3-15 常见的提示标志

任务四　电气及设备安全管理

车间生产过程中,电是维持设备运转、使用电动工具的动力能源。如果用电不当,会引发严重后果。另外静电和雷电现象也会引发事故,需要做好日常防范。

一、用电安全

(一)触电事故的概念及分类

触电事故是电流的能量直接或间接作用于人体造成的伤害。

1. 按能量施加方式分类

(1) 电击　电击是电流通过人体内部,人体吸收能量受到的伤害,也就是俗语中的"过电"。主要伤害部位是心脏、肺部和中枢神经系统。电击是全身伤害,一般不会在人体表面留下大面积明显的伤痕。

(2) 电伤　电伤是电流转化为其他形式的能量造成的人体伤害,主要有电烧伤、电烙印、皮肤金属化三种。电烧伤是指电弧产生的高温对身体造成的大面积损伤。电烙印是电弧直接打到皮肤上,造成皮肤深黑色。皮肤金属化是指由于金属导体的蒸气渗入皮肤,使皮肤变成金属色。电伤多是局部性伤害,在人体表面留下明显的伤痕。

你知道吗?

电弧温度可高达8900℃,甚至可以烧掉四肢!

2. 按造成事故的原因分类

(1) 直接接触触电　直接接触触电是人体触及正常运行的设备和线路的带电体,造成的触电。

(2) 间接接触触电　间接接触触电是设备或线路发生故障时,人体触及正常情况下不带电,故障时意外带电的带电体而造成的触电。

3. 按触电方式分类

（1）低压触电　低压触电指380V以下的触电。低压触电又可分为单相触电和两相触电。单相触电是指人体某部位接触地面,而另一部位触及一相带电体的触电事故,触电电压为220V。两相触电是指人体两部分同时触及两相电源,多发生在检修过程中,触电电压为380V。两相触电的危害要大于单相触电。

（2）高压放电　当人体靠近高压带电体时,就会发生高压放电而导致触电,而且电压越高放电距离越远。

（3）跨步电压触电　高压电线掉落地面时,会在接地点附近形成电压降。当人位于接地点附近时,两脚之间就会存在电压差,即为跨步电压。跨步电压的大小取决于接地电压的高低和人体与接地点的距离。

(二)电流对人体伤害程度的影响因素

1. 电流

电流通过人体,人体会有麻、痛等感觉,严重的会引起颤抖、痉挛、心脏停止跳动,甚至死亡。通过人体电流越大,人体的生理反应越强烈,危险性就越大。

2. 通电时间

通电时间越长,越容易引起心室颤动,危险性越大。因此发生触电事故时,要尽快使触电人员脱离电源。

3. 电流种类

工频电流(50Hz交流电)对人体的伤害程度大于直流电流和高频电流。车间设备主要使用工频电流。

4. 电流途径

从手到胸、从手到手、从手到脚等电流途经心脏,是最危险的电流途径。从脚到脚是相对危险性较小的电流途径,但可能因痉挛而摔倒造成摔伤、坠落等二次事故。

5. 人体状况

皮肤电阻越低,通过的电流越大,危险性越大。夏季人体容易出汗,皮肤表面潮湿,触电危险性比其他季节大。

 案例

电气仪表组人员触电事故

2006年10月,车间电工刘某接到通知去提取配电室拆卸焊机电源线。刘某到提取配电室后,打开配电箱关闭焊机电源开关后开始作业,因该配电箱内其他开关控制的设备正在运行,所以没有关闭其他开关。在拆完焊机电源线,上内六角螺丝时,内六角脱落,接触下面带电母线,电线短路起弧,致使刘某双上肢,面部被烧伤,烧伤创面局部起水泡,经医治后,康复。

> 原因分析:提取岗位为防爆区,无检修电源箱,施工需从配电室取电,需要带电作业。该电工操作不够熟练,致使作业时内六角螺丝脱落,接触带电母线引起电灼伤。

(三)安全电压

在一些特殊的作业场所使用电气设备时,需要采用安全电压,以防止出现触电事故。安全电压有 42V、36V、24V、12V 和 6V 五种。车间内进行设备作业时采用的安全电压为 36V 或 24V。

(四)事故的规律

1. 有明显的季节性

一般每年以二、三季度事故较多,6~9 月最集中。因为夏秋两季天气潮湿、多雨,降低了电气设备的绝缘性能;人体多汗皮肤电阻降低,容易导电;天气炎热,电扇用电或临时线路增多,且操作人员不穿戴工作服和绝缘护具。

2. 低压触电多于高压触电

是因为低压设备多、电网广,与人接触机会多;低压设备简陋而且管理不严,思想麻痹,多数缺乏电气安全知识。

3. 农村触电事故多于城市

主要是由于农村用电条件差,设备简陋,技术水平低,管理不严。

4. 青年和中年触电多

一方面是因为中青年多数是主要操作者;另一方面是因为这些人多数已有几年工龄,不再如初学时那么小心谨慎。

5. 单相触电事故多

占 70% 以上。

(五)触电的急救

1. 低压触电时使触电者脱离电源的方法

(1)如果电源开关或插头在触电地点附近,立即拉开开关或拔出插头。

(2)如果电源开关或插头不在触电地点附近,可用带绝缘柄的电工钳或干燥木柄的斧头切断电源线。

(3)当电线搭落在触电者身上时,用干燥的衣服、手套、绳索、木板、木棒等绝缘物作工具,拉开触电者或挑开电源线(图 4-1)。

(4)如果触电者的衣服很干燥,且未紧缠在身上,可用一只手抓住触电者的衣服,拉离电源。但因触电者的身体是带电的,其鞋子的绝缘性也可能遭到破坏,所以救护人员不得接触触电者的皮肤和鞋子。此法可在紧急情况下采用,一般不直接用手救护。

2. 高压触电时使触电者脱离电源的方法

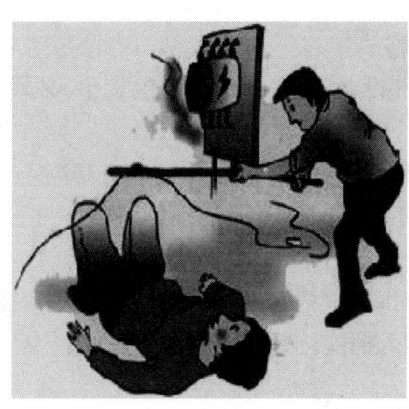

图4-1 使触电者脱离电源

(1)立即通知有关部门停电。

(2)抛掷裸金属线使线路短路,迫使保护装置动作,断开电源。抛掷金属线前,应注意先将金属线一端可靠接地,然后抛掷另一端,被抛掷的一端不可触及触电者或其他人员。

3. 救护中的注意事项

(1)救护人员不可直接用手、其他金属或潮湿的物品作为救护工具,必须使用干燥绝缘的工具。

(2)要防止触电者脱离电源后可能摔伤,特别是当触电者在高处的情况下,应考虑防摔措施。即使触电者在平地上,也要注意触电者倒下的方向,以防摔伤。

(3)如果触电事故发生在夜间,迅速解决临时照明问题,利于抢救。

(4)人触电以后,有可能出现"假死"现象,外表上呈现昏迷不醒的状态,并且呼吸中断、心脏停止跳动。此时应立即进行心肺复苏,并向120或999急救中心求救。

触电后的救护见图4-2。

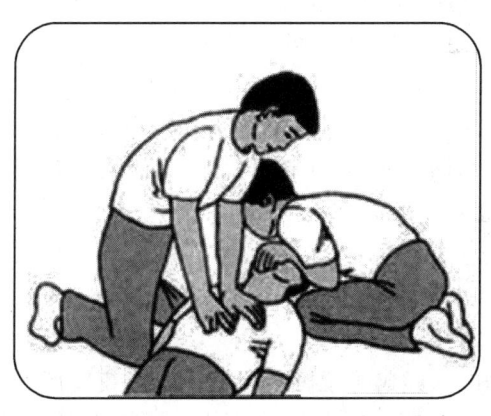

图4-2 触电后救护

(六)触电的预防措施

为了更好地使用电气设备,防止触电事故的发生,必须采取安全措施。

1. 检查

各种电气设备尤其是移动式电气设备,应建立经常与定期的检查制度。如发现故障或与有关的规定不符合时应及时加以处理。

2. 制度

使用各种电气设备时,应严格遵守操作制度,不得将三脚插头擅自改为二脚插头,也不得直接将线头插入插座内用电。

3. 工作要求

尽量不要带电工作,特别是在危险场所(如工作地很狭窄)禁止带电工作,如果必须带电工作时,应采取必要的安全措施(如穿绝缘橡胶靴)。

4. 保护措施

采用性能可靠的漏电保护器。

(七)医药企业常用的防爆电气

医药企业常用的防爆电气主要有:防爆起动器、防爆控制开关、防爆灯具、防爆电器、防爆管件。

1. 防爆起动器

此类产品具有就地控制、远距离控制和自动控制功能。包括手动起动器、电磁起动器、可逆电磁起动器、自耦减压起动器和馈电开关等产品。

2. 防爆控制开关

此类产品的防爆等级可达ⅡCT6级别,其防爆外壳壳体通常是采用铸造铝合金压铸而成的复合型结构,也有少数制造厂采用其他材质外壳。包括照明开关、转换开关、行程开关等小型防爆产品。这类产品的特点是体积小,内部元件单一、技术含量较低、结构简单、制作容易。

3. 防爆灯具

含有各种爆炸性气体的场所采用的照明设备,必须选用防爆灯具。防爆性能以隔爆型为主,可以满足用户在ⅡC级以下场所的各种照明和显示功能的需要。

4. 防爆电器

此类产品主要包括防爆吊扇、防爆排风扇和防爆轴流风机等产品,其结构由防爆电机、防爆接线盒和防爆调速控制器及叶片组成。其额定工作电压一般是380V,防爆等级可达ⅡBT4级。

二、静电的危害及消除

(一)摩擦起电

摩擦可以产生静电。经典的摩擦起电案例是在夜晚脱下毛衣时,能听到轻微的"啪、啪"声,还可以看到闪烁的火花,这就是毛衣和身体摩擦所发生的静电放电现象。在车间生产中,灌装、输送、搅拌、过滤易燃液体以及人员活动时,都会因摩擦导致静电放电,从而引发火灾、爆炸事故。

(二)静电的危害

1. 火灾爆炸

火灾爆炸是静电的最大危害。当静电大量积聚时,就会达到足够的电压而发生放电现象。静电放电的火花能量虽小,但足以将易燃液体、可燃蒸气或粉尘点燃,而发生火灾爆炸事故。

2. 人体电击

静电引起的电击不会直接对人体造成致命伤害,但可能会引起摔倒、坠落等二次事故,还可能使人精神紧张,妨碍工作。

(三)消除静电的措施

为防止火灾爆炸事故的发生,在涉及易燃液体或可燃粉尘的岗位,应采取消除静电的措施。消除静电首先要设法不产生静电,其次要设法不使静电积聚。

1. 限制加料速度

易燃液体在管道内流动时产生的静电量与流动速度、管道内径成正比(表4-1)。因此加料速度越快,产生的静电量就越多,发生静电放电的可能性就越大,同时随着管径的增大,产生的静电量也会增大。

表4-1　　　　　　　管径-流速-流量的关系

管径/mm	10	25	50	100	200	400	600
流速/(m/s)	8.0	4.9	3.5	2.5	1.8	1.3	1.0
流量/(m^3/h)	2.26	8.65	24.73	70.65	203.47	587.80	1017.36

输送易燃液体物料时,静电的危害是在管道口处。由于管道本身具有较大电容且管道内部没有空气,易燃液体不会因静电放电在管道内燃烧爆炸。但在管道口处却极易放电,将液体表面的可燃气体混合点燃而发生火灾或爆炸。

2. 从容器底部进料

从罐顶进料时,易燃液体猛烈向下喷洒,所产生的静电电压要比从罐底进料高得多。因此易燃液体的进料管要延伸至罐底,减少静电产生。若不能伸至罐底,也应将易燃液体导流至罐壁,使之沿罐壁下流。

案例

离心机爆燃事故

2011年1月10日,某车间组长魏某带领彭某等进行某项目中试放大。当进

> 行成品分离时，魏某考虑到用抽滤瓶过滤时间较长，暴露在空气中影响产品质量，决定选用 SS-600 型衬氟离心机进行作业。将配好的料液，运往离心机现场后投料。班长巡检到离心机处，对离心甩料心有疑虑，但没有制止，考虑到离心机高速运转特点，现场指挥魏某启动操作离心机控制转速，魏某三人抬桶向离心机投料。约投入 40L 后，离心机内发生爆燃。造成魏某脸部局部轻微灼伤，彭某耳边略有灼痛感。
>
> 　原因分析：成品料液含甲苯、正庚烷，都具有易燃易爆特性，高速冲击、流动、激荡后可因产生静电火花放电引起燃烧爆炸，使用的两层滤布，摩擦易产生静电，不适用于易燃易爆料液离心机甩料过滤。

3. 静电接地

所有涉及易燃液体的容器、管道等设备要相互跨接，形成一个连续的导电体并有效接地，从而消除静电的积聚。使用软管输送易燃液体时，要使用导静电的金属软管并接地。静电接地简单有效，是防静电中最基本的措施。

4. 静置

在易燃液体灌装作业时，会有静电积聚。若此时进行取样、拆除地线等操作，可能产生静电放电。因此要求易燃液体灌装后和槽车装卸车前后均应静置至少 15min，使静电充分消散后进行其他作业。

5. 增加空气湿度

在空气湿度较大时，会在物体表面形成一层极薄的水膜，加速了静电的消散，避免静电放电现象。秋冬季节易发生静电放电，与空气较为干燥有很大关系。车间内可采用洒水或拖地等方法增加空气湿度。

6. 不使用合成纤维布料的抹布

尼龙等合成纤维布料在摩擦时易产生静电，尤其是在用此类抹布擦拭现场残余可燃液体物料时，有可能因静电放电而引起燃烧或爆炸。因此，车间使用的抹布和拖把均是棉质。

7. 消除人体静电

人体在作业过程中会因为摩擦而带有静电，存在静电放电的危险。因此要求：

(1) 在进入防爆区时需触摸防静电接地球，清除人体所带静电。

(2) 不得穿着化纤衣物，应穿戴防静电工作服、帽、鞋，禁止在防爆区内穿脱衣物。

(3) 操作时动作应稳重果断，避免剧烈身体运动，严禁追逐打闹。

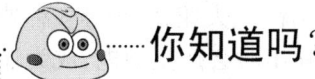 你知道吗？

防静电工作服的原理

防静电工作服的布料内镶嵌有一定间隔的导静电纤维，通过电晕放电将人体静电释放。防静电鞋的原理是将人体接地，使静电向大地泄漏。

三、设备安全管理

（一）化工管路安全及预防

1. 化工管道系统的火灾爆炸事故类型分析

（1）泄漏引起火灾爆炸　化工管道大多输送易燃易爆介质，管道破裂泄漏时极易导致火灾和爆炸事故。管道经常发生破裂泄漏的部位主要有与设备连接的焊缝处、阀门密封垫片处、管段的变径和弯头处、管道阀门、法兰、长期接触腐蚀性介质的管段等。造成泄漏的原因有管道质量因素、管道工艺因素、操作失误以及外来因素破坏。

（2）管道内形成爆炸性混合物　在停车检修和开车时，未对管道进行置换，或采用非惰性气体置换，或置换不彻底，空气混入管道内，形成爆炸性混合物；检修时在管道上未堵盲板，致使空气与可燃气体混合；负压管道吸进空气；操作阀门有误使管道中漏入空气，或使可燃气体与助燃气体混合，遇引火源发生爆炸。

（3）管道内超压爆炸　管道的超压爆炸与反应容器的操作失误或反应异常有关，冷却介质输送管道出现故障，导致冷却介质供应不足或中断，使生产系统发生超温、超压的恶性循环，最终导致设备、管线发生超压爆炸事故。

（4）管道内堵塞爆炸　管道发生堵塞，会使系统压力急剧增大，导致爆炸事故。输送低温液体或含水介质的管道，在低温环境条件下极易发生结冰"冻堵"；输送具有黏性或湿度较高的粉状、颗粒状物料的管道，易在供料处、转弯处粘附管壁最终导致堵塞；操作不当使管道前方的阀门未开启或阀门损坏卡死，或接受物料的容器已经满负荷，或流速过慢，突然停车等都会使物料沉积，发生堵塞。

（5）发生自燃火灾　管道内结焦、积炭，在高温高压下易自燃，引起燃烧或爆炸。

（6）具有多种引火源　物料在管道中输送时，有多种引火源存在。启闭管道阀门时，阀瓣与阀座的冲击、挤压，可成为冲击引火源。阀门在高低压段之间突然打开时，低压段气体急剧压缩，局部温度上升，形成绝热压缩引火源。物料在高速流动的过程中，粉体与管壁、粉体颗粒之间、液体与固体、液体与气体、液体与另一不相溶的液体之间、气体与所含少量固态或液态杂质之间，发生碰撞和摩擦，极易带上静电，产生火花。

危险物料输送管道周围具有摩擦撞击、明火、高温物体、电火花、雷击等多种外部点火源。可燃物料从管道破裂处或密封不严处高速喷出时会产生静电,成为泄漏的可燃物料或周围可燃物的引火源。

(7)易成为火灾蔓延的通道 由于管道连接着各种设备,管道发生火灾,不但影响管道系统的正常运行,而且还会使整个生产系统发生连锁反应,事故迅速蔓延和扩大,特别是管内介质有毒时,对人的生命威胁更大。

2.化工管道火灾爆炸事故的预防措施

(1)遵守安全布置原则;

(2)选材、设计、加工、安装合理;

(3)采取防腐措施;

(4)消除管道残余应力;

(5)严格安全操作;

(6)加强防火安全管理;

(7)采取防静电措施;

(8)设置防火防爆安全装置。

(二)反应容器安全及预防

1.反应容器火灾爆炸事故原因分析

(1)反应失控引起火灾爆炸 许多化学反应如硝化、磺化、氧化、氯化、聚合等反应是放热量较大的反应。若正常的反应过程失控,反应热蓄积,反应体系的温度随之升高,反应速度加快,体系内压力增大,当内压急剧上升超过容器的耐压能力时,容器破裂,高压物料从破裂处喷出,引发反应失控,发生火灾爆炸事故。

(2)反应容器内形成爆炸性混合物 有些气态反应的原料混合气,其原料配比处在爆炸极限范围之内具有爆炸性。另外反应容器内可燃气体或易燃液体蒸气未置换或置换不彻底,也是形成爆炸性混合物的重要原因。

(3)反应容器密封不严,物料泄漏引起燃烧爆炸。

(4)反应容器因设计制造缺陷引起爆炸 反应容器设计不合理、结构形状不连续、焊缝布置不当等引起应力集中;设备材质选择不当、制造容器时焊接质量不合要求及热处理不当等使材料韧性降低;容器壳体受到腐蚀介质的腐蚀、强度降低等可能使容器在生产过程中发生爆炸。

(5)反应容器中高压物料蹿入低压系统。

(6)反应容器泄放系统不合理引起事故 在物料泄放时,泄放口位置、高度未按要求设置,排出的物料飘散流入室内,遇明火燃烧爆炸。

(7)反应容器受热引起爆炸 由于外部可燃物起火,辐射热引起反应容器内温度急剧上升,蒸气压增大,发生冲料或爆炸。

2.反应容器火灾爆炸事故的预防措施

(1)严格按照安全规程生产 反应容器的工艺规程需经专门的科研和设计单

位审定,进行相应鉴定。生产操作人员必须熟悉生产工艺规程、操作条件、原材料、产品、中间产物的反应放热性和火灾爆炸危险性质,杜绝操作失误。

(2)维护容器的耐压强度　反应容器作为一种承压设备,应严格按照压力容器的设计、制造工艺进行,消除焊接等质量上的缺陷。容器在使用过程中要防止由于腐蚀等原因造成器壁变薄,耐压强度降低。容器要定期进行探检、维修,进行耐压试验,确保容器的耐压强度。

(3)防止反应失控发生　按规定严格监测和控制反应容器内的温度、压力、物料组成和投料顺序等,以使反应保持正常。

(4)及时清理设备管路内结焦　要定期清除设备内的污垢、焦状物、聚合物,以保证设备传热良好,并防止其堵塞设备管道和发生自燃。清除方法可用水冲刷器壁表面和管道,用氮气或水蒸气吹扫。清理时不得使用铁质工具或金属条,清理出来的污物必须送至安全地点处理掉。

(5)防止反应容器漏水　反应容器的夹套和蛇管冷却系统的水位和水压应略低于器内的液位和液压。为了能及时发现反应容器的裂纹或孔洞,在排水管可安装自动电导报警器,当管中漏入极少物料时,水的导电率会发生变化,利用这种变化进行检测并发出声响警报。

(6)保证反应容器进出物料安全　为了防止进出物料因静电火花发生燃烧爆炸,反应容器、管道、器具应采用导体联成一体,再进行接地,接地线必须连接牢靠,有足够机械强度,并定期检查。

(7)配置预防事故安全系统。

(8)注意反应容器的安全泄放　反应容器的放空管一般应安设在顶部,室内容器安设的放空管应引出室外。

(9)掌握事故处置方法　将消防知识宣传和教育作为岗位培训的一项重要内容。尤其注意对生产操作人员进行处置生产中紧急情况的培训工作,掌握事故情况下的应急措施、灭火与疏散方法。

(三)离心机安全及预防

离心机常见的事故有燃烧爆炸、操作失误、机械伤人、腐蚀致使转鼓破裂和异常振动等,其主要原因及预防措施如下。

1.燃烧爆炸事故

(1)事故原因

①在刮刀式离心机处理物料的温度低于其闪点或非刮刀式离心机处理的温度等于或高于其闪点的情况下,发生燃烧爆炸的可能性较大。

②当刮刀式离心机处理的物料温度等于或高于其闪点时,发生燃烧爆炸的可能性极大。

③离心机因下料不均匀,偏心运转,转鼓负荷过重,致使转鼓与机壳摩擦起火,引起机内可燃性气体爆炸。

④离心机下料管紧固螺栓松动,与推料器相碰撞产生火花,引起机内可燃性气体爆炸。

⑤可燃性气体泄漏到离心机内,形成爆炸性混合气体,当离心机高速运转时,因产生静电火花而爆炸。

⑥离心机使用时间过长,腐蚀严重,使其转鼓变薄而导致转鼓运转时爆炸。

⑦反操作规程、超电流、超温、超压运行或在岗位上吸烟而引爆。

⑧超速运转引起转鼓爆炸。转鼓的转速一般都很高,如超速运转而使其应力超过转鼓材料的许用应力时,将引起转鼓爆炸。

(2)预防措施

①采用惰性气体或其他气体保护,如用氮气或二氧化碳气体冲淡氧气的浓度;若为正压操作,最好采用压力监控法。

②采用氧浓度监控法,严格控制氧的浓度。

③严格执行操作规程,控制投料量,且均匀下料,若发现下料不均匀,及时处理,使之均匀;定期检查离心机上的放空管,使之畅通无阻。

④安装时拧紧紧固螺栓。

⑤采用晶液分离器压液时,严防可燃性气体进入机内。

⑥加强设备维护管理,特别是易腐蚀的设备要加强防腐和维护。

⑦如果驱动机械超过转鼓的安全转速,应安装一个限速器,使其转速限制在安全范围之内,因此,离心机铭牌上应注明最大安全转速。

2. 操作失误、机械伤人事故

在离心机的人身安全事故中,大多数是因误操作或违反操作规程所致。

(1)事故原因

①在离心机加料时,转鼓内的物料不可能达到绝对的均匀分布,出现不平衡。因此,转鼓高速旋转时,这种不平衡将导致转鼓的振动。

②离心机在操作运行中,人工铲料或直接用手从转鼓中接取物料而造成人身伤害。

(2)预防措施

①在安全保护机壳进料口处安装一个有效的连锁盖板保护装置,以消除事故隐患。

②禁止用任何物体、以任何形式强行使离心机停止运行,设备未停稳之前,禁止人工铲料,开关按钮应安装在方便操作的位置。禁止在离心机运转时,用手或其他工具伸入转鼓内接取物料。

3. 腐蚀致使转鼓破裂

腐蚀是医药、化工行业使用离心机时须特别重视的问题。腐蚀将使离心机的转鼓等部件壁厚减薄、强度降低,导致发生破裂事故。

(1)事故原因

①转鼓长期在腐蚀性介质作用下工作,腐蚀严重,以致其鼓壁最薄处低于转鼓的最小许用壁厚。

②机壳(为铸铁)材料厚薄不均,其误差在 8~32mm,在转鼓破裂时将外壳击碎。

(2)预防措施

①转鼓、离心机的内部零件尽可能采用耐腐蚀材料;如果不能或不允许这样选用时,则应在离心机内部装设耐腐蚀衬套,如铅、塑料等。

②经常检查离心机转鼓等重要零部件的腐蚀情况,一旦发现严重腐蚀,及时修复或更换;机壳可采用钢制,并保证其制造质量。

4. 振动事故

离心机转鼓的转速较高,一般可达 4500~9000r/min,高转速下物料不平衡产生的离心力将会引起剧烈振动,它不仅会降低机械效率,缩短使用寿命,恶化工作条件,而且还会造成重大事故。

(1)事故原因

①转鼓本身不平衡,即转鼓材料组织结构不均匀,制造加工和安装有误差,如椭圆度、偏心度、加工变形等,也有结构设计上的不对称等问题。

②操作中装料不均匀或卸料时,因物料本身性质而引起的切削力不均匀。

(2)预防措施

①保证结构设计合理,确保材质、加工和安装的质量。对加工后的转鼓必须进行严格的动平衡试验,使转鼓的不平衡质量尽可能减小。

②严格控制加料量,均匀投料,注意调整转鼓与机壳之间的运行间距。

(四)离心泵安全及预防

1. 事故原因

(1)电气损坏,漏电。

(2)安装问题,离心泵运行不稳,打火甚至爆炸。

2. 预防措施

(1)水泵放置地点应坚实,安装应牢固、平稳,并应有防雨设施。

(2)冬季运转时,应做好管路、泵房的防冻、保温工作。

(3)启动前检查项目应符合下列要求:

①电动机与水泵的连接同心,联轴节的螺栓紧固,联轴节的转动部分有防护装置,泵的周围无障碍物。

②管路支架牢固,密封可靠,泵体、泵轴、填料和压盖严密,吸水管底阀无堵塞或漏水。

③排气阀畅通,进、出水管接头严密不漏,泵轴与泵体之间不漏水。

(4)启动时应加足引水,并将出水阀关闭;当水泵达到额定转速时,旋开真空表和压力表的阀门,待指针位置正常后,方可逐步打开出水阀。

(5)运转中发现下列情况,应立即停机检修:
①漏水、漏气、填料部分发热。
②底阀滤网堵塞,运转声音异常。
③电动机温升过高,电流突然增大。
④机械零件松动或其他故障。
(6)升降吸水管时,应在有护栏的平台上操作。
(7)运转时,严禁人员从机上跨越。
(8)水泵停止作业时,应先关闭压力表,再关闭出水阀,然后切断电源。冬季使用时,应将各部放水阀打开,放净水泵和水管中积水。
(9)潜水泵放入水中或提出水面时,先切断电源,严禁拉拽电缆或出水管。
(10)潜水泵应装设保护接零或漏电保护装置,工作时泵周围30m以内水面不得有人、畜进入。
(11)水泵启动前检查项目应符合下列要求:
①水管结扎牢固。
②放气、放水、注油等螺塞均旋紧。
③叶轮和进水节无杂物。
④电缆绝缘良好。
(12)接通电源后,应先试运转,检查并确认旋转方向正确,在水外运转时间不得超过5min。
(13)应经常观察水位变化,叶轮中心至水平距离应在0.5~3.0m,泵体不得陷入污泥或露出水面。电缆不得与井壁、池壁相擦。
(14)新泵或新换密封圈,在使用50h后,应旋开放水封口塞,检查水、油的泄漏量。
(15)经过修理的油浸式潜水泵,应先经0.2MPa气压试验,检查各部无泄漏现象。然后将润滑油加入上、下壳体内。
(16)当气温降到0℃以下时,在停止运转后,应从水中提出潜水泵擦干后存放室内。
(17)每周应测定一次电动机定子绕组的绝缘电阻,其值应无下降。

(五)常压、减压蒸馏装置安全及预防

1.常压、减压蒸馏装置的火灾爆炸危险性分析

(1)原料和产品具有火灾爆炸危险性　蒸馏过程中的原料、中间体及产品绝大多数属于火灾危险物品,遇火源即会爆炸。

(2)容易形成爆炸性气体混合物　蒸馏过程中,由于处于沸腾状态,体系内始终呈现气-液共存状态,若因设备破裂或操作失误,使物料外泄或吸入空气,或由于冷凝、冷却不足,使大量蒸气经贮槽等部位逸出,均可形成爆炸性气体混合物,遇点火源就会发生容器内外的爆炸燃烧。

(3) 易发生自燃。

(4) 蒸馏操作过程危险　蒸馏操作是一种复杂的过程,蒸馏过程某一指标或某一环节出现偏差,会干扰整个蒸馏系统的平衡,导致事故发生。

(5) 设备、管线易遭受破坏　设备、管线等在长时间的反复加压与物料高速流动、摩擦过程中,金属壳体材料易出现金属疲劳。

2. 预防措施

(1) 防止形成爆炸性混合物。

(2) 严格按照规程安全操作　蒸馏操作中,要注意对温度、压力、进料量、回流量等操作参数严格控制,以减少人为操作的失误。

(3) 采取防腐措施。

(4) 加强装置的检查维护　发现设备破损,应及时修复。定期更换仪器、仪表、设备容器、管线等,坚决杜绝设备带病运转、超期服役和超负荷运行。

(5) 设置安全装置和灭火设施　蒸馏设备应具有完备的温度、压力、流量仪表装置。减压蒸馏的真空泵应装有单向阀,防止突然停车时空气流入设备内。

(6) 强化防火安全管理　制定健全的防火安全生产规章制度、责任制度,用电、用火制度,以及有效而完善的应急事故处理规程。

四、特种设备安全管理

特种设备是指涉及生命安全、危险性较大的锅炉、压力容器(含气瓶)、压力管道、电梯、起重机械、客运索道、大型游乐设施和场内专用机动车辆。

(一) 压力容器的使用安全

车间的生产设备很多都是压力容器,小至40L的氮气瓶,大至325m^3的发酵罐,其中发酵、提取等单体压力容器还是主要的生产设备。

1. 压力容器的概念

压力容器是指盛装气体或者液体,承载一定压力的密闭容器。其范围是同时具备最高工作压力大于或者等于0.1MPa(表压)、压力与容积的乘积大于或者等于2.5MPa·L和盛装介质为气体、液化气体和最高工作温度高于或者等于标准沸点的液体三个条件的容器。

你知道吗?

兆帕与公斤

压力实际上就是压强。车间日常生产中常用的压力单位是兆帕(MPa)和公斤(kgf/cm^2),其中MPa是我国的法定计量单位,其换算关系如下:

$$1kgf/cm^2 = 0.1MPa = 1 个标准大气压$$

2. 压力容器的分类

根据分类的标准不同,压力容器有多种分类方法。

(1) 按工作压力分类 见表4-2。

表4-2 压力容器按工作压力分类表

类别	代号	压力范围
低压容器	L	$0.1\text{MPa} \leq p < 1.6\text{MPa}$
中压容器	M	$1.6\text{MPa} \leq p < 10\text{MPa}$
高压容器	H	$10\text{MPa} \leq p < 100\text{MPa}$
超高压容器	U	$p \geq 100\text{MPa}$

(2) 按工艺用途分类 见表4-3。

表4-3 压力容器按工艺用途分类表

类别	代号	举例
反应容器	R	反应釜、合成塔
换热容器	E	换热器
分离容器	S	过滤器、分离器
储存容器	C	储罐、缓冲罐

(3) 根据危险程度分类 根据压力、容积和工作介质的危险性等综合方面考虑,将压力容器分为三类,其基本分类原则见表4-4。

表4-4 压力容器按危险程度分类表

类别	基本分类原则
一类压力容器	工作介质为水蒸气、氮气等的低压容器
二类压力容器	工作介质为剧毒、易燃物质或液化气体的低压容器
	中压容器
三类压力容器	高压和超高压容器

车间日常生产中所说的类外压力容器一般是指常压容器及达不到压力容器标准的承压容器。

(4) 按是否有固定使用地点分类 按照压力容器是否有固定的使用地点,将其分为固定式压力容器和移动式压力容器。其中移动式压力容器(如气瓶、槽车等)没有固定的使用地点,操作人员、使用环境经常变化,管理较为复杂,因而较易发生事故。

3. 压力容器的安全附件

为提高压力容器的可靠性和安全性,需要设置必要的安全附件。压力容器的主要安全附件有安全阀、爆破片、压力表、液位计、温度计等。

(1) 安全阀　当容器内的压力超过设定值时,安全阀起跳排放,使压力迅速降下来,从而保证压力容器的安全。

车间常用的安全阀是弹簧式安全阀,它利用弹簧的弹力压住容器内的介质。当容器内压力超过弹簧所能维持的压力时,阀芯被顶起,介质向外排放,容器内压力迅速降低;当容器内压力小于弹簧所能维持的压力时,阀芯再次和阀座闭合。

安全阀的优点是只排出压力容器内高于规定值的部分压力,降至正常值时则自动关闭,不会使生产中断。缺点是密封性差,即使是较好的安全阀在正常工作压力下也难免会有轻微泄露,不宜用于毒性介质;开启有滞后现象,由于弹簧的惯性,泄压反应比较慢,不适用于有可能发生剧烈化学反应而使容器压力急剧升高的介质。

安全阀的安装和使用要求:

①直接连接,垂直安装:安全阀与容器应直接连接,安装在压力容器的气相空间部分(一般是最高处),安全阀与容器之间原则上不准装设任何阀门。

②防止腐蚀,安全排放:安全阀放空口应设置在安全地点,防止介质喷出后造成人员伤害或其他破坏。安全阀排放管如果存在积液、存水,易造成腐蚀,应及时排净。

③铅封完好,定期排放:在安全阀校验后会加设铅封,防止无关人员改变其参数,发现铅封缺失时,应及时进行处理。安全阀在使用过程中,还有定期手动排放,以防阀芯和阀座粘牢,导致安全阀失效。

④消除泄露,定期检验:一般一年校验一次。

(2) 爆破片　爆破片主要由夹盘和膜片组成。爆破片克服了安全阀密封性差和开启滞后的缺点,但由于它是一种断裂型的泄压装置,泄压后爆破片不能继续使用,压力容器也被迫停止运行,因此使用不如安全阀广泛,只用在安全阀不宜使用的场合。

(3) 压力表　压力表是用以检测容器内压力强度的测量仪表。

①压力表的量程应为最高工作压力的 1.5~3 倍,最好是 2 倍。量程太小,压力表内的弹簧一直处在最大变形的状态,易产生永久变形,使压力表失效;量程太大,指针偏离零位太小,误差大。

②表盘直径一般不小于 100mm,当观察距离大于 2m 时,表盘直径应不小于 150mm。

③使用时应根据压力容器的最高工作压力,在压力表刻度盘上画条红线,以示警戒。但不能画在表盘玻璃上,一是因为读数时会有误差,二是因为玻璃会发生转动。

④定期检验,每半年检验一次。

⑤容器泄压后,压力表不归零时,应更换压力表。

(4)液位计　液位计用来显示容器内的液面位置,车间常用的是玻璃管和磁翻板两种。

4. 压力容器的使用注意事项

为保证压力容器使用安全,必须严格按照操作规程认真操作,做到以下几点:

(1)压力容器属于特种设备,只有取得特种设备作业人员证后,方可上岗作业。

(2)在用压力容器必须在显著位置安装设备铭牌。

(3)操作时要动作平稳,防止压力、温度的骤升骤降,严禁超温、超压、超负荷运行。

(4)压力容器检修时首先要打开排空阀门泄压,直到压力表指数为零,严禁带压检修。

(5)定期检查,及时发现和消除缺陷。主要检查内容包括压力、温度等参数是否符合操作规程要求,容器有无渗漏、腐蚀、变形或不正常震动,安全装置是否齐全完好等方面。

(二)电梯、起重机械和厂内专用机动车辆的使用安全

1. 电梯

电梯包括载人(货)电梯、自动扶梯、自动人行道等。

电梯使用注意事项:①使用电梯时严禁超载,不允许私自装运易燃易爆品。②运送重量、体积较大的货物时,应放在电梯内的中间位置。③当装载货物时,禁止人员站在电梯门之间,应站在电梯内或电梯外等候。④等候电梯或乘坐电梯时,严禁依靠电梯门。⑤电梯门将要关闭时,不得用手挡门,强制电梯门反弹,应使用呼梯或开门按钮。⑥当电梯出现故障停运时,应向电梯外人员报警,不得试图扒开电梯门逃生。⑦火灾时不得乘坐电梯。

2. 起重机械

起重机械是指用于垂直升降或者垂直升降并水平移动重物的机电设备。车间使用较多的是行车。

行车使用注意事项:

(1)行车由取得特种设备作业人员证的人员进行操作,其他人员不得操作。

(2)使用行车时严禁超载。

(3)行车吊重运行时,其他人员不得从货物下方通过。

3. 厂内专用机动车辆

厂内专用机动车辆是指只在厂区内使用的专用机动车辆。车间使用较多的是叉车。

叉车使用注意事项:

(1)叉车由取得特种设备作业人员证的人员进行操作,其他人员不得操作。

(2)车辆运行时,其他人员不得坐在叉车上。

任务五　劳动保护

在医药企业的生产经营过程中,经常要接触酸、碱及有机化合物,它们大多具有腐蚀性、刺激性,这就需要操作者学会保护自己,避免受到伤害。

一、制药企业中化学原辅材料的毒性及防护

(一)危险固体原辅材料的性质及防护

1. 活性炭

(1)理化性状　黑色细微粉末。无臭,无味。不溶于任何溶剂。具有高容量吸附有机色素及含氮碱的能力。相对密度 1.8~2.1。

(2)危险特性　吸入粉尘有中等程度危险,易燃。

(3)防护措施　操作时应戴护目镜,以避免眼睛反复接触。操作者应每天淋浴。

2. 金属钠

(1)理化性状　银白色有光泽的极活泼轻金属。无臭。在低温(-20℃)时性质脆硬,常温时质软如蜡,可用刀切开。暴露在空气中即被氧化。相对密度 0.968,熔点 97.8℃,沸点 881.4℃。具有强还原性。遇水剧烈反应,生成氢氧化钠并放出氢气。

(2)危险特性　高度反应性的易燃、易爆物品。遇水或潮气猛烈反应生成氢氧化钠并放出氢气,大量放热,引起燃烧或爆炸。在空气或氧气中能自行燃烧爆炸。与卤素、磷、氧化剂和酸类剧烈反应。钠的烟雾或蒸气和钠发生火灾时,产生的氧化钠烟雾对上呼吸道黏膜有强烈刺激和腐蚀作用,引起化学性上呼吸道炎。潮湿皮肤和黏膜接触可引起严重的腐蚀性灼伤。

(3)防护措施　处理金属钠时,必须戴好防护眼镜、手套、安全帽等防护用品。绝对不能与水接触,不能在湿度大的场所处理钠。金属钠应储存于煤油中。

3. 金属锂、钾

性质与金属钠极其相似,可参见金属钠部分。

4. 连二亚硫酸钠

(1)理化性状　白色或灰白色结晶性粉末或块状物。具有特殊臭味和强还原

性。露置于空气中极易吸取空气中的氧而变质,生成酸性亚硫酸钠或酸性硫酸钠。相对密度2.3~2.4。熔点55℃(分解),遇水即分解。

(2)危险特性　250℃时能自燃,加热或接触明火也能燃烧。遇水、酸类或与有机物、氧化剂都可放出大量热量而引起剧烈燃烧,并放出有毒和易燃的二氧化硫,吸入能中毒。

(3)防护措施　操作时应戴手套和穿工作服。皮肤接触或眼睛受刺激,用大量水冲洗。误服者可给予2%~5%碳酸氢钠溶液雾化吸入。配溶液时,应将连二亚硫酸钠逐渐加入水中而不能反加。

5. 甲醇钠

(1)理化性状　白色无定形易流动粉末。易与氧反应,遇水分解为甲醇和氢氧化钠。能溶于甲醇或乙醇,不溶于苯和甲苯。在空气中受热至127℃以上分解。

(2)危险特性　本品露置于潮湿空气或遇水能引起燃烧。对人体皮肤有腐蚀性。燃烧时其烟雾有毒。

(3)防护措施　操作时应戴手套和穿工作服,不能在潮湿条件下操作。

(二)危险液体原辅材料的性质及防护

1. 甲醇

(1)理化性状　为无色透明、易挥发、极性液体,具有微弱的酒精气味,能与水、醇和醚相混溶。相对密度0.7924,蒸气相对密度1.11,沸点64.5℃,闪点12.2℃。

(2)危险特性　本品有毒,摄入和吸入会引起中毒,误作食用酒精饮入,严重者致眼失明和死亡。极易燃,闪点464℃,燃烧时生成蓝色火焰。蒸气能与空气形成爆炸性混合物,爆炸极限为6.0%~36.5%(体积分数)。

(3)防护措施　加强生产管理,生产设备应密闭,防止跑、冒、滴、漏。操作人员应穿防护工作服,必要时戴防护眼镜和隔绝式呼吸器。严防入眼、入口或接触皮肤和伤口。如有沾染,迅速用水冲洗。

2. 乙醇

(1)理化性状　无水乙醇为无色透明液体,易挥发,能迅速吸收空气中的水分,具有特殊芳香气味和辛辣味,能与水、甲醇、醚、三氯甲烷和丙酮等相混溶。能溶解许多有机化合物和若干无机化合物,为极性的有机溶剂。相对密度0.785,沸点78.3℃,闪点9~11℃。

(2)危险特性　摄入少量乙醇对人体的作用是先兴奋后麻醉,摄入大量乙醇对人体有害。易燃,燃点422℃,有较大的燃烧危险,其蒸气能与空气形成爆炸性混合物,爆炸极限为3.3%~19%(体积分数)。

(3)防护措施　在有可能发生皮肤接触的场所,建议使用个人防护用品。

3. 乙醚

(1)理化性状　无色透明易挥发的流动液体,具有吸湿性和芳香气味,并有麻而甜涩的刺激味,溶于醇、苯、三氯甲烷等,微溶于水。相对密度0.7147,沸点34.5℃,闪点-45℃。

(2)危险特性　吸入和摄入能中等程度地中毒。非常易燃,燃点180℃,遇热或火焰时,有很高的燃烧和爆炸危险。其蒸气与空气混合极易爆炸。爆炸极限为1.85%~48%(体积分数)。见光或久置空气中,逐渐被氧化成过氧化物,受热能自行着火与爆炸。与过氯酸或氯气作用,也会发生爆炸。乙醚极易被静电点燃,因此有时也会由于静电而引起火灾。燃烧时产生毒性,能使人昏迷。

(3)防护措施　生产现场保持良好的通风,生产过程中严格密闭,操作人员应穿防护工作服,并戴防护眼镜。工作服如被弄湿,立即脱去,以避免燃烧危险。

4. 乙醛

(1)理化性状　无色易流动的挥发性液体,有刺激性气味,有窒息感,有果香味。久置聚合并发生浑浊或沉淀现象。能与水、醇、醚、苯、甲苯、丙酮等有机溶剂混溶。相对密度0.783,沸点20.2℃,熔点-123.5℃,闪点-40℃。

(2)危险特性　乙醛系易燃有毒液体。对眼、皮肤和呼吸器官有刺激性,轻度中毒会引起气喘、咳嗽及头痛等症状,重者能引起肺炎及脑膜炎。液体进入眼中能引起严重烧伤;蒸气较长时间吸入,有麻醉作用,引起昏迷。易燃,燃点185℃,有较大的燃烧和爆炸危险,蒸气能与空气形成爆炸性混合物,爆炸极限为4%~57%(体积分数)。极易氧化和还原,在空气中,乙醛与不稳定的过氧化物起氧化作用,并能引起自爆。

(3)防护措施　操作现场应保持良好通风,操作人员应穿适当的工作服,以防止皮肤反复接触或长时间接触。戴防护眼镜,以防眼接触。操作现场应备洗眼剂。

5. 丙酮

(1)理化性状　无色透明易挥发液体,有特殊的愉快气味,能与水、醇、醚、氯仿和大多数油类相混溶,能溶解油脂、树脂和橡胶。相对密度0.792,沸点56.2℃,闪点-9.4℃。

(2)危险特性　本品有毒,吸入和摄入有低到中等的毒性。易燃,燃点537℃,有较大的燃烧危险。蒸气能与空气形成爆炸性混合物,爆炸极限为2.6%~12.8%(体积分数)。

(3)防护措施　操作现场要保持良好的通风,操作时要戴双层口罩,穿适当工作服,以防止皮肤反复或长时间接触。戴防护眼镜,以防止眼的接触。工作服如被弄湿或受到污染,迅速脱去,以避免燃烧危险。生产现场要装备安全信号指示器。

(三)危险气体原辅材料的性质及防护

1. 氢气

(1)理化性状　无色无臭很轻的气体,易燃,为强还原剂,相对密度0.0899。

(2)危险特性　能与空气形成爆炸性混合物,遇热或明火即爆炸,爆炸极限

(在空气中)为 4.1%~74.2%(体积分数),自燃点 550℃。

(3)防护措施　反应器应密闭,防止其在空气中扩散而达到爆炸极限。应严禁明火或火花。

2. 乙硼烷

(1)理化性状　无色气体,有令人生厌的甜味。溶于氨水、乙醚和二硫化碳;微溶于冷水。在热水中迅速分解成硼酸和氢气。在室温下遇潮湿空气能自行着火。相对密度(-122℃)0.447,熔点-164.84℃,沸点-92.5℃,闪点-90℃。

(2)危险特性　非常易燃,有高度燃烧危险。爆炸极限(在空气中)为 0.8%~88%(体积分数)。吸入有高毒,对呼吸器官有强刺激作用,并可使肺部充血。

(3)防护措施　应隔绝空气,在干燥的氮气保护下于通风橱中进行。如需要,应戴防毒面具、橡胶手套,穿树胶涂层的衣裤相连的工作服,全身防护。

3. 环氧乙烷

(1)理化性状　室温下为无色气体,低于 12℃为无色液体,具有醚的气味,高浓度有刺激性臭味,溶于一般有机溶剂,能与水以任意比混溶。相对密度 0.8711,沸点 10.73℃,闪点-17.7℃。

(2)危险特性　易燃,自燃点(在空气中)429℃,有较大的燃烧和爆炸危险。蒸气能与空气形成范围广泛的爆炸性混合物,爆炸极限为 3%~100%(体积分数)。有毒,对眼、皮肤和黏膜有刺激作用,高浓度对中枢神经系统有麻醉作用。

(3)防护措施　加强通风设施,设备应密闭,防止跑、冒、滴、漏。操作时应穿防护工作服和戴手套。

4. 乙炔

(1)理化性状　无色易燃气体。略带乙醚气味,市售品因含有硫化氢、氨等杂质而有蒜臭气。相对密度 0.62。熔点-81.8℃,沸点-75℃。溶于乙醇,易溶于丙酮。化学性质活泼,能起加成和聚合反应。

(2)危险特性　极易燃烧爆炸,能与空气形成爆炸性混合物。爆炸极限为 2.8%~81%(体积分数)。自燃点 305℃,闪点-32℃。微毒,具有麻醉和阻止细胞氧化作用,使脑缺氧引起昏迷。

(3)防护措施　乙炔一般储存于钢瓶中,应注意压力,防止明火和火花。并注意不能撞击钢瓶。

5. 1,3-丁二烯

(1)理化性状　无色可燃性气体,略带甜味和芳香味,性质活泼,易液化。不溶于水,溶于醇和醚。相对密度 0.6211,沸点-4.41℃,闪点-76℃。易发生加成和聚合。

(2)危险特性　易燃,燃点 415℃,有较大的燃烧和爆炸危险,与空气能形成爆炸性混合物,爆炸极限为 2%~11.5%(体积分数)。毒性较低,高浓度时呈麻醉作用,甚至引起窒息,对呼吸器官有轻微刺激,直接与皮肤接触刺激较强。

(3)防护措施　液态1,3-丁二烯因低温可造成冻伤,生产设备应密闭,严防跑、冒、滴、漏。操作人员应穿合适的工作服,以防止皮肤冻伤。戴防护眼镜,防止与眼睛接触。工作服如被弄湿或受到污染,立即脱去,以避免燃烧危险。

(四)化学原辅材料的防护

1. 常见的毒性化学原辅材料

(1)致敏性化合物　如青霉素、氯霉素、庆大霉素、链霉素等;

(2)金属化合物　如铂盐、镍盐等;

(3)异氰酸酯　如甲苯二异氰酸酯;

(4)麻醉性毒物　苯、丙酮、氯仿等;

(5)溶血性气体　砷化氢、苯肼、苯胺、硝基苯等;

(6)窒息性气体　一氧化碳、氰化物和硫化氢等;

(7)刺激性气体　氯气、氨气、氮氧化物、光气、氟化氢、二氧化硫、三氧化硫和硫酸二甲酯等。

2. 化学原辅材料的仓库保管

(1)仓库保管员应熟悉本单位储存和使用的危险化学品的性质,保管业务知识和有关消防安全规定。

(2)仓库保管员应严格执行国家、省、市有关危险化学品管理的法律法规和政策,严格执行危险化学品储存管理制度。

(3)严格执行出入库手续,对所保管的危险化学品必须做到数量准确,账物相符,日清月结。

(4)定期按照消防的有关要求对仓库内的消防器材进行管理、定期检查、定期更换。

(5)定期对库房进行定时通风,通风时仓库保管员不得远离仓库。做到防潮、防火、防腐、防盗。

(6)对因工作需要进入仓库的职工进行监督检查,严防原料和产品流失。

(7)对危险化学品按法律法规和行业标准的要求分垛储存、摆放。留出防火通道。

(8)正确使用劳保用品,并指导进入仓库的职工正确佩戴劳保用品。

(9)定期对仓库内及其周围的卫生进行清扫。

3. 装卸搬运化学原辅材料的劳动保护

(1)装卸搬运前　在装卸搬运化学原辅材料前,要预先做好准备工作,了解物品性质,检查装卸搬运的工具是否牢固,不牢固的应予以更换或修理。如工具上曾被易燃物、有机物、酸、碱等污染的,必须清洗后方可使用。

(2)穿戴防护用具　应根据不同物质的危险特性,分别穿戴相应合适的防护用具,工作时对毒害、腐蚀、放射性等物品更应加强注意。防护用具包括工作服、橡皮围裙、橡皮袖罩、橡皮手套、长筒胶靴、防毒面具、滤毒口罩、纱口罩、纱手套和护目镜等。操作前应由专人检查用具是否妥善,穿戴是否合适。操作后应进行清洗或消毒,放在专用的箱柜中保管。

(3)操作要点　操作中对化学原辅材料应轻拿轻放,防止撞击、摩擦、碰摔、震动。液体铁桶包装下垛时,不可用跳板快速溜放,应在地上,垛旁垫旧轮胎或其他松软物,缓慢下放。标有不可倒置标志的物品切勿倒放。发现包装破漏,必须移至安全地点整修,或更换包装。整修时不应使用可能发生火花的工具。化学危险物品洒落在地面上时,应及时扫除,对易燃易爆物品应用松软物经水浸湿后扫除。

(4)装卸搬运化学原辅材料　在装卸搬运化学原辅材料时,不得饮酒、吸烟。工作完毕后根据工作情况和危险品的性质,及时清洗手、脸,漱口或淋浴。装卸搬运毒害品时,必须保持现场空气流通,如果发现恶心、头晕等中毒现象,应立即到新鲜空气处休息,脱去工作服和防护用具,清洗皮肤沾染部分,重者送医院诊治。

(5)装卸搬运危险品　装卸搬运爆炸品、一级易燃品、一级氧化剂时,不得使用铁轮车、没有装置控制火星设备的电瓶车,及其他无防爆装置的运输工具。参加作业的人员不得穿带有铁钉的鞋子。禁止滚动铁桶,不得踩踏化学危险物品及其包装(指爆炸品)。装车时,必须力求稳固,不得堆装过高,车后也不准带拖车。装卸搬运一般宜在白天进行,避免日晒。在炎热季节,应在早晚作业,晚间作业应用防爆式或封闭式的安全照明。雨、雪、冰封时作业,应有防滑措施。

(6)装卸搬运腐蚀性物品　装卸搬运强腐蚀性物品,操作前应检查箱底是否已被腐蚀,以防脱底发生危险。搬运时禁止肩扛、背负或用双手搅抱,只能挑、抬或用车子搬运。搬运堆码时,不可倒置、倾斜、震荡,以免液体溅出发生危险。在现场须备有清水、苏打水或冰醋酸等,以备急救时应用。

二、职业病

(一)职业病的基本概念

1. 职业病

职业病是指企业、事业单位和个体经济组织等用人单位的劳动者在职业活动中,因接触粉尘、放射性物质和其他有毒、有害因素而引起的疾病。

2. 职业病危害

职业病危害是指对从事职业活动的劳动者可能导致职业病的各种危害。

3. 职业禁忌

职业禁忌是指劳动者从事特定职业或者接触特定职业病危害因素时,比一般职业人群更易于遭受职业病危害和罹患职业病,或者在从事作业过程中诱发可能导致个人生命健康的疾病或者病理状态。

(二)主要有害的职业因素

在生产环境,生产过程中存在的可直接危害生产者健康的因素称为职业有害因素。自从制药企业实施GMP后,厂房的布局和设计不合理、正常生产环境如温度等职业有害因素就得到了控制。

1. 制药企业职业性有害因素

（1）化学因素

①生产性毒物：常见的有金属，如铅、汞、镉及其化合物；类金属，如砷、磷等及其化合物；有机溶剂，如苯、甲苯、二硫化碳等；有害气体，如氯气、氨、酸类、一氧化碳、硫化氢等；苯的氨基、硝基化合物等；高分子化合物生产过程中产生的毒物等。

②生产性粉尘：化学合成制药工业可接触矽尘、煤尘、锰尘等，但危害最严重的是药物性粉尘，主要产生于原料药的配料、包装，成品的压片等生产过程，如氨基比林药尘、磺胺药尘、巴比妥药尘等。

（2）物理因素

①异常气候条件：如高气温、强热辐射；低气温、高气流等。

②噪声、震动。

③非电离辐射：如紫外线、可见光、红外线、激光等。

（3）其他　劳动时间安排不合理，劳动强度过大，强迫体位以及其他因素，也不同程度地存在于制药工业中。

2. 职业中毒

毒性指物质固有的能引起机体损伤的能力，毒性与进入体内的量成正比。另外，毒性与剂量、接触途径、接触期限密切相关。

岗位操作中许多环节都有可能接触到生产性毒物，接触生产性毒物而引起的中毒称为职业中毒。职业中毒可分为急性、亚急性和慢性三种。

（1）急性中毒　毒物一次或短时间内大量进入人体后引起的中毒。

（2）慢性中毒　小剂量毒物长期进入人体所引起的中毒。

（3）亚急性中毒　介于两者之间，在短时间内有较大剂量毒物进入人体而引起的中毒。

3. 常见职业病

（1）导致接触性皮炎的危害因素　硫酸、硝酸、盐酸、氢氧化钠、三氯乙烯、重铬酸盐、三氯甲烷、β-萘胺、乙醇、醚类、甲醛、环氧树脂、酚醛树脂、松节油、苯胺、润滑油、对苯二酚等。

（2）导致光敏性皮炎的危害因素　焦油、沥青、醌、蒽醌、木酚油、荧光素、氯酚等。

（3）导致电光性皮炎的危害因素　紫外线。

（4）导致黑变病的危害因素　焦油、沥青、蒽油、汽油、润滑油、油彩等。

（5）导致痤疮的危害因素　沥青、润滑油、柴油、煤油、多氯苯、多氯联苯、氯化萘、多氯萘、多氯酚、聚氯乙烯。

（6）导致溃疡的危害因素　铬及其化合物、铬酸盐、铍及其化合物、砷化合物、氯化钠。

(7) 导致化学性皮肤灼伤的危害因素　硫酸、硝酸、盐酸、氢氧化钠。

(三)职业病防护措施

1. 设备布局

(1) 由于工艺要求,离心机一般不集中安装,但应在车间的一侧设单独隔离间,封闭该作业环境与其他工序的联系,甩料时密闭门窗,使有害气体或蒸气不至逸散到整个车间。

(2) 与离心机配套的空压机、风机、水泵等设单独房间,并尽可能安装在底层,外墙开门窗,内窗采用双层密闭隔声观察窗,并设立隔声值班室;如内墙留有门窗,则必须与生产区之间设置隔离通道以隔声,使机房内值班室的噪声符合《工业企业噪声控制设计规范》的要求。

(3) GMP 要求的精干包洁净生产区中的离心甩干设备应设独立房间。

2. 工艺措施

(1) 提高自动化水平,减少作业工人与化学物质接触机会。

(2) 在工艺允许的情况下将离心机盖改为带观察口或透明材质的盖子,对有机溶剂物料加封不锈钢盖,对酸性物料加封搪瓷玻璃盖,甩料时需投加液态化学品的工艺将人工加料改为真空密闭管道加料,加料后将离心机上口密闭,禁止敞口离心甩干,并设内吸式装置,使离心机内腔呈负压状态,将热量和挥发的有毒化学物质外排,避免向车间内逸散。

(3) 改革生产工艺,上道工序来的高温物料离心甩干前,先对物料进行减压浓缩,回收易挥发的溶媒,冷却后再离心甩干,以减少甩料时毒物的挥发量。

(4) 选用新型低噪声设备,并对离心甩干电机加装基础减震垫、隔声罩、安装消声器,使作业场所的噪声强度符合《工业企业噪声控制设计规范》的要求。

3. 通风措施

(1) 离心甩干工作环境应采取有效的局部密闭排风和全面机械排风相结合的综合防护措施,其排毒口设于屋顶,并采用防爆轴流风机,控制工作场所空气中有害物质的浓度。

(2) 精干包洁净区的离心甩干设备,甩干时有毒物质浓度可能突然增高,排风出口应设置在靠近离心甩干设备的底部,控制点风速应足以将发生源产生的有害气体排出室外,避免有害气体吸入呼吸道。同时,净化空调系统应有足够的送风量,但不得采用循环空气用于空气调节,使工作场所中有害因素职业接触限值符合国家卫生标准,并防止污染其他洁净空调室。

(3) 对生产工艺中产生的有机废气、酸雾废气排风后采用二级喷淋吸收塔,吸收净化后高空排放。

(4) 离心甩干机上口设置的排气罩必须遵循形式适宜、位置正确、操作方便、风量适中、强度足够、检修方便的设计原则,罩口风速或控制点风速应足以将发生源产生的有害气体吸入罩内,确保达到高捕集效率;并在排风罩口管道处增加隔板,让各类排风管道只在使用时打开,合理调整排风量,使控制点风速达到排毒要求。

(5)在离心机下方的出口处安装密闭式溶剂接收罐,且设内吸风装置,加密闭盖、排风管和阀门,防止离心甩干时有害气体或蒸气在出料时逸出,污染车间空气。

4. 个人防护

(1)接触吡啶、盐酸等刺激性、腐蚀性有毒化学物质的作业人员应配备符合要求的工作服、靴、手套、口罩和防护眼镜,防止或减轻对眼睛和皮肤的化学性损伤。

(2)按照《工业企业职工听力保护规范》的规定,对工作场所噪声接触卫生限值超标和有可能每班接触噪声 $L \geqslant 85dB$ 的工人配备 3 种以上声衰值足够、舒适有效的护耳器,并经常维护、检修,定期检测其性能和效果。

5. 应急救援

(1)甩干物料中含有盐酸时,有可能发生化学灼伤事故,其工作地点应设置冲洗眼睛和皮肤的事故喷淋装置,并保障常年温水供应,并配备应急救援设备、器材和急救药品,一旦溅到眼内或皮肤,按操作规程可及时冲洗和救治,防止或减少对眼睛和皮肤的损伤,甩料时有可能接触吡啶、氨气、酸雾等刺激性气体,其工作地点应配备足够数量的氧气呼吸器和急救药物。作业工人一旦发生中毒,应立即脱离现场,更换衣服,吸入氧气,保持呼吸道畅通,防止发生喉头水肿及肺水肿。

(2)离心甩干工位有可能突发泄露大量有毒物品或易造成急性中毒,应设置自动报警装置和事故通风设施,其通风换气次数不少于 12 次/h。

(3)在离心甩干工位设置职业病危害警示标识、警示线和告知牌,说明产生职业中毒危害的种类、后果、预防以及应急救治措施等。

6. 管理措施

(1)存在苯等高毒物质的作业场所设置红色区域警示线;存在甲醇、丙酮、醋酸乙酯、吡啶、乙酸、氨、二甲基甲酰胺、盐酸等一般毒物作业场所设置黄色区域警示线。并在醒目位置设置警示标识和中文警示说明,载明作业时产生的职业病危害种类及对作业工人造成的后果、预防以及应急救治措施等内容。

(2)对可能发生跑、冒、滴、漏的设备及管道筛选先进的生产设备和生产工艺,经常维修,防锈蚀,杜绝液态物料污染车间环境。

(3)制定严格的操作规程,随时清洗污染的地面,防止毒物的二次污染,保证离心甩干作业场所有害物质浓度符合国家卫生标准要求。

(4)对工作场所进行职业病危害的定期检测与评价;控制作业环境职业病危害因素的浓度(强度),使之符合国家卫生标准的要求。

(5)对劳动者上岗前和在岗期间定期进行职业卫生培训,指导劳动者正确使用职业病防护设备和个人使用的职业病防护用品。对个人使用的职业病防护用品应当进行经常性的维护、检修,定期检测其性能和效果,确保其处于正常使用状态。

(6)对接触职业病危害的劳动者,组织上岗前、在岗期间和离岗时的职业健康检查,及时调离职业禁忌人员,建立、健全职业卫生档案和劳动者健康监护档案;对噪声作业人员进行基础听力测定和定期跟踪听力测定,每年检测作业场所的噪声和工人噪声暴露水平。

(7)制定防护设施维修制度,对离心机的局部排风设施进行经常性的维修、检修,定期检测其性能和效果,确保其排风量始终达到设计风量,保证离心机作业场所有害物质浓度符合国家职业卫生标准的要求。总之,制药行业原料药生产离心甩干工序如能依据国家有关标准、规范进行控制,并完善职业病防护措施的设计,采纳上述防护对策,加强管理,可使生产环境中的职业病危害因素治理符合国家卫生标准,防止职业危害的发生。

(四)急性中毒的救护方法

(1)现场抢救　立即使患者停止接触毒物,尽快将其移离至空气流通处。保持呼吸畅通。衣物或皮肤若被污染,必须将衣服脱下,用清水洗净皮肤。如出现休克、呼吸表浅或停止、心搏停止等,立即进行紧急抢救,具体措施与内科急救原则相同。

(2)防止毒物继续吸收　患者到达医院后,应重点详细检查,需要冲洗的要重复冲洗,气体或蒸气吸入中毒时,可给予吸氧,以纠正缺氧,加速毒物经呼吸道排出;如经口食入中毒,需尽早催吐、洗胃及导泻。

(3)加速排出或中和已进入机体的毒物　许多化学物中毒可采用如透析疗法,使其通过透析膜而排出体外。对严重中毒性溶血患者可考虑换血疗法,但必须慎重。吸入氯气中毒时,可采用雾化吸入,中和形成的盐酸,以减轻对肺组织的毒性损伤。

(4)消除进入人体内毒物的作用　尽快使用络合剂或其他特效解毒疗法。金属中毒可用二巯基丙醇等络合剂,达到解毒和促排作用。中毒性高铁血红蛋白血症可用美蓝治疗,使高铁血红蛋白还原。急性氰化物中毒是给予亚硝酸钠使形成一定量的高铁血红蛋白以与氰化物结合而解毒,以后迅速给予硫代硫酸钠,使氰化物形成硫氰酸盐而排出体外。严重的 CO 中毒时主要给予吸氧疗法。

(五)职业病防治办法

职业病防治工作坚持预防为主、防治结合的方针,建立用人单位负责、行政机关监管、行业自律、职工参与和社会监督的机制,实行分类管理、综合治理。用人单位应当依照法律、法规要求,严格遵守国家职业卫生标准,落实职业病预防措施,从源头上控制和消除职业病危害。

用人单位的主要负责人和职业卫生管理人员应当接受职业卫生培训,遵守职业病防治法律、法规,依法组织本单位的职业病防治工作。

用人单位应当依照法律、法规要求,严格遵守国家职业卫生标准,为劳动者创造符合国家职业卫生标准和卫生要求的工作环境和条件,落实职业病预防措施,从源头上控制和消除职业病危害。

劳动者应当学习和掌握相关的职业卫生知识,增强职业病防范意识,遵守职业病防治法律、法规、规章和操作规程,正确使用、维护公共防护设备(如通风机)和个人使用的防护用品,发现职业病危害事故隐患应当及时报告。

职业病的发病原因比较明显,因此完全可以预防其发病。企业主要做好职业病防治宣传工作,通过各项措施提高劳动者素质,减少职业病:

(1)加强职业卫生教育和培训。学会自我防护,杜绝习惯性违章;

(2)让职工了解工作场所产生或者可能产生的职业病危害因素、危害后果和应当采取的职业病防护措施;并经常组织检查;

(3)用人单位提供符合防治职业病要求的职业病防护设施和个人使用的职业病防护用品,改善工作条件;

(4)员工要拒绝违章指挥和强令进行没有职业病防护措施的作业。

三、劳动保护措施

相关从业人员在作业过程中,要按规定佩戴和使用劳动防护用品。所谓劳动防护用品,是指由生产经营单位为从业人员配备的,使其在劳动过程中免遭或者减轻事故伤害及职业危害的个人防护装备。

(一)防护用品类型

1. 头部防护用品

头部防护用品是为防御头部不受外来物体打击和其他因素危害而采取的个人防护用品。根据防护功能要求,目前主要有普通工作帽、防尘帽、防水帽、防寒帽、安全帽(图5-1)、防静电帽、防高温帽、防电磁辐射帽、防昆虫帽九类产品。医药化工企业一般选用安全帽、防静电帽、防尘帽。

2. 呼吸器官防护用品

呼吸器官防护用品是为防止有害气体、蒸气、粉尘、烟、雾经呼吸道吸入或直接向佩用者供氧或清新空气,保证在有尘、有毒污染或缺氧环境中作业人员正常呼吸的防护用具。呼吸器官防护用品按功能主要分为防尘口罩和防毒口罩(面具)(图5-2),按形式又可分为过滤式和隔离式两类。医药化工企业一般选用过滤式防尘口罩和防毒口罩。

图5-1 安全帽

图5-2 防毒口罩

隔离式防护用品常用氧气呼吸器(图5-3),常用型号为HY120的氧气呼吸器,包括氧气瓶、清净罐、减压器、自动排气阀、橡皮面具和其他配件。广泛适用于石油、化工、冶金、煤炭、矿山、实验室等行业(部门),供经过专门训练的人在有毒、有害气体环境中(普通大气压下)进行抢险、事故处理、救护或作业时佩戴使用。

图5-3 氧气呼吸器

3. 眼及面部防护用品

预防烟雾、尘粒、金属火花和飞屑、热、电磁辐射、激光、化学飞溅等伤害眼睛或面部的个人防护用品称为眼面部防护用品。根据防护功能,大致可分为防尘、防水、防重击、防高温、防电磁辐射、防射线、防化学飞溅、防风沙、防强光九类。医药化工企业一般根据工作岗位选用防尘和防化学飞溅有机玻璃眼镜。

4. 手部防护用品

具有保护手和手臂的功能,供作业者劳动时戴用的手套称为手部防护用品,也称劳动防护手套。按照防护功能将防护手套分为十二类:普通防护手套、防水手套、防寒手套、防毒手套、防静电手套、防高温手套、防X射线手套、防酸碱手套(图5-4)、防油手套、防震手套、防切割手套、绝缘手套。医药化工企业一般根据工作岗位选用防静电手套、防酸碱乳胶手套和普通防护手套等。

图5-4 防酸碱乳胶手套

5. 足部防护用品

足部防护用品是防止生产过程中有害物质和能量损伤劳动者足部的护具,常称为防护鞋。国家标准按防护功能分为防尘鞋、防水鞋、防寒鞋、防冲击鞋、防静电鞋、防高温鞋、防酸碱鞋、防油鞋、防烫脚鞋、防滑鞋、防穿刺鞋、电绝缘鞋、防震鞋十三类。医药化工企业根据工作岗位一般选用防静电鞋、防酸碱鞋,从事电工作业的用电绝缘鞋。

6. 躯干防护用品

躯干防护用品就是防护服。根据防护功能分为普通防护服、防水服、防寒服、防砸背服、防毒服、阻燃服、防静电服、防高温服、防电磁辐射服、耐酸碱服、防油服、水上救生衣、防昆虫服、防风沙服十四类产品。医药化工企业根据工作岗位选用普通防护服、防静电服、耐酸碱服,电焊维修工和消防员一般用阻燃服。

7. 防坠落用品

防坠落用品是防止人体从高处坠落,通过绳带,将高处作业者的身体系接于固定物体上或在作业场所的边沿下方张网,以防不慎坠落,这类用品主要有安全带和安全网两种。医药化工企业根据工作需要在设备安装、检修时常用安全带。

你会吗?

做一做:每人逐项选择和使用劳动保护用品。

议一议:根据你对专业的认识和了解,举例说明医药企业从事哪些工作选用哪些劳动保护用品?

(二)防护用品使用要求

(1)劳动防护用品使用前应首先做一次外观检查。检查的目的是认定用品对有害因素防护效能的程度,用品外观有无缺陷或损坏,各部件组装是否严密,启动是否灵活等。

(2)劳动防护用品的使用必须在其性能范围内,不得超极限使用;不得使用未经国家指定和检测达不到标准的产品;不能随便代替,更不能以次充好。

(3)严格按照使用说明书,正确使用劳动防护用品。

(三)制度保证

国家安全生产监督管理总局于2005年9月1日起颁布并施行的《劳动防护用品监督管理规定》,为加强和规范劳动防护用品的监督管理,保障从业人员的安全与健康,提供了法律依据。

从业人员在作业过程中,必须按照安全生产规章制度和劳动防护用品使用规则,正确佩戴和使用劳动防护用品;未按规定佩戴和使用劳动防护用品的,不得上岗作业。

案例

"毒苹果"正己烷中毒事件

2008年10月至2009年7月,美国苹果公司在华供应商、位于苏州工业园区的某公司在无尘作业车间使用价钱更便宜、清洁效果更好的正己烷替代酒精等清洗剂进行擦拭显示屏作业,直接接触使用正己烷的工人有800余人。公司137名工人因暴露于正己烷环境,健康遭受不利影响。部分中毒工人留下永久性后遗症,被评定为职业病九级或十级伤残。

电白油(主要成分是正己烷)作为一种高效清洁剂,在多个行业均有应用。正己烷中毒以慢性为主,一般需接触数月后才发病。中毒早期出现类似感冒的症状:头晕、头痛和乏力。中毒者到一般的医疗机构就诊,如果医生没有职业中毒的知识,很容易按照感冒来治却不见好转。如果患者仍在正己烷环境下工作,病情会进一步恶化,出现周围神经炎、肌无力、肌肉萎缩等症状。最后正己烷会祸及中枢神经系统,严重者意识丧失,陷入昏迷状态。

案例

制药车间急性氯乙醇中毒事故

1. 中毒经过

2003年9月,某制药厂酊剂车间仓库发料员误将氯乙醇当作乙醇发放,车间领料员未认真核对,便误将氯乙醇用于配制口服液和消毒泡液。口服液配好后,配料员按照操作规程进行品尝,1名配料员口服约10mL又吐出,另1名配料员口服约20mL。工作约30min后,部分工人感到头晕、头痛、恶心等,尤以2名口服者和双手直接接触过氯乙醇溶液者为重,分别出现昏迷,送医院抢救无效死亡。此时才引起厂方的重视,将其余工作人员送医院观察、救治。

2. 分析讨论

本次中毒事件,因工厂管理不严,工人职业防护知识欠缺所致。

3. 措施

企业要切实加强对职工的岗前、岗中培训,提高工人的自我保护意识和职业卫生知识,让每个员工都知道什么是毒物、毒物的危害和预防措施;应严格遵守原料发放的核查制度,使用仪器分析代替口服品尝的操作规程,避免中毒事故再次发生。

附录

附录1　中华人民共和国安全生产法

2002年6月29日第九届全国人民代表大会常务委员会第二十八次会议通过，2002年6月29日中华人民共和国主席令第七十号公布，自2002年11月1日起施行。

第一章　总　则

第一条　为了加强安全生产监督管理，防止和减少生产安全事故，保障人民群众生命和财产安全，促进经济发展，制定本法。

第二条　在中华人民共和国领域内从事生产经营活动的单位（以下统称生产经营单位）的安全生产，适用本法；有关法律、行政法规对消防安全和道路交通安全、铁路交通安全、水上交通安全、民用航空安全另有规定的，适用其规定。

第三条　安全生产管理，坚持安全第一、预防为主的方针。

第四条　生产经营单位必须遵守本法和其他有关安全生产的法律、法规，加强安全生产管理，建立、健全安全生产责任制度，完善安全生产条件，确保安全生产。

第五条　生产经营单位的主要负责人对本单位的安全生产工作全面负责。

第六条　生产经营单位的从业人员有依法获得安全生产保障的权利，并应当依法履行安全生产方面的义务。

第七条　工会依法组织职工参加本单位安全生产工作的民主管理和民主监督，维护职工在安全生产方面的合法权益。

第八条　国务院和地方各级人民政府应当加强对安全生产工作的领导，支持、督促各有关部门依法履行安全生产监督管理职责。

县级以上人民政府对安全生产监督管理中存在的重大问题应当及时予以协调、解决。

第九条　国务院负责安全生产监督管理的部门依照本法，对全国安全生产工作实施综合监督管理；县级以上地方各级人民政府负责安全生产监督管理的部门依照本法，对本行政区域内安全生产工作实施综合监督管理。

国务院有关部门依照本法和其他有关法律、行政法规的规定，在各自的职责范围内对有关的安全生产工作实施监督管理;县级以上地方各级人民政府有关部门依照本法和其他有关法律、法规的规定,在各自的职责范围内对有关的安全生产工作实施监督管理。

第十条　国务院有关部门应当按照保障安全生产的要求,依法及时制定有关的国家标准或者行业标准,并根据科技进步和经济发展适时修订。

生产经营单位必须执行依法制定的保障安全生产的国家标准或者行业标准。

第十一条　各级人民政府及其有关部门应当采取多种形式,加强对有关安全生产的法律、法规和安全生产知识的宣传,提高职工的安全生产意识。

第十二条　依法设立的为安全生产提供技术服务的中介机构,依照法律、行政法规和执业准则,接受生产经营单位的委托为其安全生产工作提供技术服务。

第十三条　国家实行生产安全事故责任追究制度,依照本法和有关法律、法规的规定,追究生产安全事故责任人员的法律责任。

第十四条　国家鼓励和支持安全生产科学技术研究和安全生产先进技术的推广应用,提高安全生产水平。

第十五条　国家对在改善安全生产条件、防止生产安全事故、参加抢险救护等方面取得显著成绩的单位和个人,给予奖励。

第二章　生产经营单位的安全生产保障

第十六条　生产经营单位应当具备本法和有关法律、行政法规和国家标准或者行业标准规定的安全生产条件;不具备安全生产条件的,不得从事生产经营活动。

第十七条　生产经营单位的主要负责人对本单位安全生产工作负有下列职责:

(一)建立、健全本单位安全生产责任制;

(二)组织制定本单位安全生产规章制度和操作规程;

(三)保证本单位安全生产投入的有效实施;

(四)督促、检查本单位的安全生产工作,及时消除生产安全事故隐患;

(五)组织制定并实施本单位的生产安全事故应急救援预案;

(六)及时、如实报告生产安全事故。

第十八条　生产经营单位应当具备的安全生产条件所必需的资金投入,由生产经营单位的决策机构、主要负责人或者个人经营的投资人予以保证,并对由于安全生产所必需的资金投入不足导致的后果承担责任。

第十九条　矿山、建筑施工单位和危险物品的生产、经营、储存单位,应当设置安全生产管理机构或者配备专职安全生产管理人员。

前款规定以外的其他生产经营单位,从业人员超过三百人的,应当设置安全生产管理机构或者配备专职安全生产管理人员;从业人员在三百人以下的,应当配备专职或者兼职的安全生产管理人员,或者委托具有国家规定的相关专业技术资格的工程技术人员提供安全生产管理服务。

生产经营单位依照前款规定委托工程技术人员提供安全生产管理服务的,保证安全生产的责任仍由本单位负责。

第二十条 生产经营单位的主要负责人和安全生产管理人员必须具备与本单位所从事的生产经营活动相应的安全生产知识和管理能力。

危险物品的生产、经营、储存单位以及矿山、建筑施工单位的主要负责人和安全生产管理人员,应当由有关主管部门对其安全生产知识和管理能力考核合格后方可任职。考核不得收费。

第二十一条 生产经营单位应当对从业人员进行安全生产教育和培训,保证从业人员具备必要的安全生产知识,熟悉有关的安全生产规章制度和安全操作规程,掌握本岗位的安全操作技能。未经安全生产教育和培训合格的从业人员,不得上岗作业。

第二十二条 生产经营单位采用新工艺、新技术、新材料或者使用新设备,必须了解、掌握其安全技术特性,采取有效的安全防护措施,并对从业人员进行专门的安全生产教育和培训。

第二十三条 生产经营单位的特种作业人员必须按照国家有关规定经专门的安全作业培训,取得特种作业操作资格证书,方可上岗作业。

特种作业人员的范围由国务院负责安全生产监督管理的部门会同国务院有关部门确定。

第二十四条 生产经营单位新建、改建、扩建工程项目(以下统称建设项目)的安全设施,必须与主体工程同时设计、同时施工、同时投入生产和使用。安全设施投资应当纳入建设项目概算。

第二十五条 矿山建设项目和用于生产、储存危险物品的建设项目,应当分别按照国家有关规定进行安全条件论证和安全评价。

第二十六条 建设项目安全设施的设计人、设计单位应当对安全设施设计负责。

矿山建设项目和用于生产、储存危险物品的建设项目的安全设施设计应当按照国家有关规定报经有关部门审查,审查部门及其负责审查的人员对审查结果负责。

第二十七条 矿山建设项目和用于生产、储存危险物品的建设项目的施工单位必须按照批准的安全设施设计施工,并对安全设施的工程质量负责。

矿山建设项目和用于生产、储存危险物品的建设项目竣工投入生产或者使用前,必须依照有关法律、行政法规的规定对安全设施进行验收;验收合格后,方可投入生产和使用。验收部门及其验收人员对验收结果负责。

第二十八条 生产经营单位应当在有较大危险因素的生产经营场所和有关设

施、设备上,设置明显的安全警示标志。

第二十九条 安全设备的设计、制造、安装、使用、检测、维修、改造和报废,应当符合国家标准或者行业标准。

生产经营单位必须对安全设备进行经常性维护、保养,并定期检测,保证正常运转。维护、保养、检测应当作好记录,并由有关人员签字。

第三十条 生产经营单位使用的涉及生命安全、危险性较大的特种设备,以及危险物品的容器、运输工具,必须按照国家有关规定,由专业生产单位生产,并经取得专业资质的检测、检验机构检测、检验合格,取得安全使用证或者安全标志,方可投入使用。检测、检验机构对检测、检验结果负责。

涉及生命安全、危险性较大的特种设备的目录由国务院负责特种设备安全监督管理的部门制定,报国务院批准后执行。

第三十一条 国家对严重危及生产安全的工艺、设备实行淘汰制度。

生产经营单位不得使用国家明令淘汰、禁止使用的危及生产安全的工艺、设备。

第三十二条 生产、经营、运输、储存、使用危险物品或者处置废弃危险物品的,由有关主管部门依照有关法律、法规的规定和国家标准或者行业标准审批并实施监督管理。

生产经营单位生产、经营、运输、储存、使用危险物品或者处置废弃危险物品,必须执行有关法律、法规和国家标准或者行业标准,建立专门的安全管理制度,采取可靠的安全措施,接受有关主管部门依法实施的监督管理。

第三十三条 生产经营单位对重大危险源应当登记建档,进行定期检测、评估、监控,并制定应急预案,告知从业人员和相关人员在紧急情况下应当采取的应急措施。

生产经营单位应当按照国家有关规定将本单位重大危险源及有关安全措施、应急措施报有关地方人民政府负责安全生产监督管理的部门和有关部门备案。

第三十四条 生产、经营、储存、使用危险物品的车间、商店、仓库不得与员工宿舍在同一座建筑物内,并应当与员工宿舍保持安全距离。

生产经营场所和员工宿舍应当设有符合紧急疏散要求、标志明显、保持畅通的出口。禁止封闭、堵塞生产经营场所或者员工宿舍的出口。

第三十五条 生产经营单位进行爆破、吊装等危险作业,应当安排专门人员进行现场安全管理,确保操作规程的遵守和安全措施的落实。

第三十六条 生产经营单位应当教育和督促从业人员严格执行本单位的安全生产规章制度和安全操作规程;并向从业人员如实告知作业场所和工作岗位存在的危险因素、防范措施以及事故应急措施。

第三十七条 生产经营单位必须为从业人员提供符合国家标准或者行业标准的劳动防护用品,并监督、教育从业人员按照使用规则佩戴、使用。

第三十八条 生产经营单位的安全生产管理人员应当根据本单位的生产经营特点,对安全生产状况进行经常性检查;对检查中发现的安全问题,应当立即处理;不能处理的,应当及时报告本单位有关负责人。检查及处理情况应当记录在案。

第三十九条 生产经营单位应当安排用于配备劳动防护用品、进行安全生产培训的经费。

第四十条 两个以上生产经营单位在同一作业区域内进行生产经营活动,可能危及对方生产安全的,应当签订安全生产管理协议,明确各自的安全生产管理职责和应当采取的安全措施,并指定专职安全生产管理人员进行安全检查与协调。

第四十一条 生产经营单位不得将生产经营项目、场所、设备发包或者出租给不具备安全生产条件或者相应资质的单位或者个人。

生产经营项目、场所有多个承包单位、承租单位的,生产经营单位应当与承包单位、承租单位签订专门的安全生产管理协议,或者在承包合同、租赁合同中约定各自的安全生产管理职责;生产经营单位对承包单位、承租单位的安全生产工作统一协调、管理。

第四十二条 生产经营单位发生重大生产安全事故时,单位的主要负责人应当立即组织抢救,并不得在事故调查处理期间擅离职守。

第四十三条 生产经营单位必须依法参加工伤社会保险,为从业人员缴纳保险费。

第三章 从业人员的权利和义务

第四十四条 生产经营单位与从业人员订立的劳动合同,应当载明有关保障从业人员劳动安全、防止职业危害的事项,以及依法为从业人员办理工伤社会保险的事项。

生产经营单位不得以任何形式与从业人员订立协议,免除或者减轻其对从业人员因生产安全事故伤亡依法应承担的责任。

第四十五条 生产经营单位的从业人员有权了解其作业场所和工作岗位存在的危险因素、防范措施及事故应急措施,有权对本单位的安全生产工作提出建议。

第四十六条 从业人员有权对本单位安全生产工作中存在的问题提出批评、检举、控告;有权拒绝违章指挥和强令冒险作业。

生产经营单位不得因从业人员对本单位安全生产工作提出批评、检举、控告或者拒绝违章指挥、强令冒险作业而降低其工资、福利等待遇或者解除与其订立的劳动合同。

第四十七条 从业人员发现直接危及人身安全的紧急情况时,有权停止作业或者在采取可能的应急措施后撤离作业场所。

生产经营单位不得因从业人员在前款紧急情况下停止作业或者采取紧急撤离措施而降低其工资、福利等待遇或者解除与其订立的劳动合同。

第四十八条　因生产安全事故受到损害的从业人员，除依法享有工伤社会保险外，依照有关民事法律尚有获得赔偿的权利的，有权向本单位提出赔偿要求。

第四十九条　从业人员在作业过程中，应当严格遵守本单位的安全生产规章制度和操作规程，服从管理，正确佩戴和使用劳动防护用品。

第五十条　从业人员应当接受安全生产教育和培训，掌握本职工作所需的安全生产知识，提高安全生产技能，增强事故预防和应急处理能力。

第五十一条　从业人员发现事故隐患或者其他不安全因素，应当立即向现场安全生产管理人员或者本单位负责人报告；接到报告的人员应当及时予以处理。

第五十二条　工会有权对建设项目的安全设施与主体工程同时设计、同时施工、同时投入生产和使用进行监督，提出意见。

工会对生产经营单位违反安全生产法律、法规，侵犯从业人员合法权益的行为，有权要求纠正；发现生产经营单位违章指挥、强令冒险作业或者发现事故隐患时，有权提出解决的建议，生产经营单位应当及时研究答复；发现危及从业人员生命安全的情况时，有权向生产经营单位建议组织从业人员撤离危险场所，生产经营单位必须立即做出处理。

工会有权依法参加事故调查，向有关部门提出处理意见，并要求追究有关人员的责任。

第四章　安全生产的监督管理

第五十三条　县级以上地方各级人民政府应当根据本行政区域内的安全生产状况，组织有关部门按照职责分工，对本行政区域内容易发生重大生产安全事故的生产经营单位进行严格检查；发现事故隐患，应当及时处理。

第五十四条　依照本法第九条规定对安全生产负有监督管理职责的部门（以下统称负有安全生产监督管理职责的部门）依照有关法律、法规的规定，对涉及安全生产的事项需要审查批准（包括批准、核准、许可、注册、认证、颁发证照等，下同）或者验收的，必须严格依照有关法律、法规和国家标准或者行业标准规定的安全生产条件和程序进行审查；不符合有关法律、法规和国家标准或者行业标准规定的安全生产条件的，不得批准或者验收通过。对未依法取得批准或者验收合格的单位擅自从事有关活动的，负责行政审批的部门发现或者接到举报后应当立即予以取缔，并依法予以处理。对已经依法取得批准的单位，负责行政审批的部门发现其不再具备安全生产条件的，应当撤销原批准。

第五十五条　负有安全生产监督管理职责的部门对涉及安全生产的事项进行审查、验收，不得收取费用；不得要求接受审查、验收的单位购买其指定品牌或者指定生产、销售单位的安全设备、器材或者其他产品。

第五十六条　负有安全生产监督管理职责的部门依法对生产经营单位执行有关安全生产的法律、法规和国家标准或者行业标准的情况进行监督检查，行使以下职权：

（一）进入生产经营单位进行检查，调阅有关资料，向有关单位和人员了解情况。

（二）对检查中发现的安全生产违法行为，当场予以纠正或者要求限期改正；对依法应当给予行政处罚的行为，依照本法和其他有关法律、行政法规的规定做出行政处罚决定。

（三）对检查中发现的事故隐患，应当责令立即排除；重大事故隐患排除前或者排除过程中无法保证安全的，应当责令从危险区域内撤出作业人员，责令暂时停产停业或者停止使用；重大事故隐患排除后，经审查同意，方可恢复生产经营和使用。

（四）对有根据认为不符合保障安全生产的国家标准或者行业标准的设施、设备、器材予以查封或者扣押，并应当在十五日内依法做出处理决定。

监督检查不得影响被检查单位的正常生产经营活动。

第五十七条　生产经营单位对负有安全生产监督管理职责的部门的监督检查人员（以下统称安全生产监督检查人员）依法履行监督检查职责，应当予以配合，不得拒绝、阻挠。

第五十八条　安全生产监督检查人员应当忠于职守，坚持原则，秉公执法。

安全生产监督检查人员执行监督检查任务时，必须出示有效的监督执法证件；对涉及被检查单位的技术秘密和业务秘密，应当为其保密。

第五十九条　安全生产监督检查人员应当将检查的时间、地点、内容、发现的问题及其处理情况，做出书面记录，并由检查人员和被检查单位的负责人签字；被检查单位的负责人拒绝签字的，检查人员应当将情况记录在案，并向负有安全生产监督管理职责的部门报告。

第六十条　负有安全生产监督管理职责的部门在监督检查中，应当互相配合，实行联合检查；确需分别进行检查的，应当互通情况，发现存在的安全问题应当由其他有关部门进行处理的，应当及时移送其他有关部门并形成记录备查，接受移送的部门应当及时进行处理。

第六十一条　监察机关依照行政监察法的规定，对负有安全生产监督管理职责的部门及其工作人员履行安全生产监督管理职责实施监察。

第六十二条　承担安全评价、认证、检测、检验的机构应当具备国家规定的资质条件，并对其做出的安全评价、认证、检测、检验的结果负责。

第六十三条　负有安全生产监督管理职责的部门应当建立举报制度，公开举报电话、信箱或者电子邮件地址，受理有关安全生产的举报；受理的举报事项经调查核实后，应当形成书面材料；需要落实整改措施的，报经有关负责人签字并督促落实。

第六十四条　任何单位或者个人对事故隐患或者安全生产违法行为，均有权向负有安全生产监督管理职责的部门报告或者举报。

第六十五条　居民委员会、村民委员会发现其所在区域内的生产经营单位存在事故隐患或者安全生产违法行为时，应当向当地人民政府或者有关部门报告。

第六十六条　县级以上各级人民政府及其有关部门对报告重大事故隐患或者举报安全生产违法行为的有功人员，给予奖励。具体奖励办法由国务院负责安全生产监督管理的部门会同国务院财政部门制定。

第六十七条　新闻、出版、广播、电影、电视等单位有进行安全生产宣传教育的义务，有对违反安全生产法律、法规的行为进行舆论监督的权利。

第五章　生产安全事故的应急救援与调查处理

第六十八条　县级以上地方各级人民政府应当组织有关部门制定本行政区域内特大生产安全事故应急救援预案，建立应急救援体系。

第六十九条　危险物品的生产、经营、储存单位以及矿山、建筑施工单位应当建立应急救援组织；生产经营规模较小，可以不建立应急救援组织的，应当指定兼职的应急救援人员。危险物品的生产、经营、储存单位以及矿山、建筑施工单位应当配备必要的应急救援器材、设备，并进行经常性维护、保养，保证正常运转。

第七十条　生产经营单位发生生产安全事故后，事故现场有关人员应当立即报告本单位负责人。

单位负责人接到事故报告后，应当迅速采取有效措施，组织抢救，防止事故扩大，减少人员伤亡和财产损失，并按照国家有关规定立即如实报告当地负有安全生产监督管理职责的部门，不得隐瞒不报、谎报或者拖延不报，不得故意破坏事故现场、毁灭有关证据。

第七十一条　负有安全生产监督管理职责的部门接到事故报告后，应当立即按照国家有关规定上报事故情况。负有安全生产监督管理职责的部门和有关地方人民政府对事故情况不得隐瞒不报、谎报或者拖延不报。

第七十二条　有关地方人民政府和负有安全生产监督管理职责的部门的负责人接到重大生产安全事故报告后，应当立即赶到事故现场，组织事故抢救。

任何单位和个人都应当支持、配合事故抢救，并提供一切便利条件。

第七十三条　事故调查处理应当按照实事求是、尊重科学的原则，及时、准确地查清事故原因，查明事故性质和责任，总结事故教训，提出整改措施，并对事故责任者提出处理意见。事故调查和处理的具体办法由国务院制定。

第七十四条　生产经营单位发生生产安全事故，经调查确定为责任事故的，除了应当查明事故单位的责任并依法予以追究外，还应当查明对安全生产的有关事项负有审查批准和监督职责的行政部门的责任，对有失职、渎职行为的，依照本法第七十七条的规定追究法律责任。

第七十五条　任何单位和个人不得阻挠和干涉对事故的依法调查处理。

第七十六条　县级以上地方各级人民政府负责安全生产监督管理的部门应当定期统计分析本行政区域内发生生产安全事故的情况,并定期向社会公布。

第六章　法律责任

第七十七条　负有安全生产监督管理职责的部门的工作人员,有下列行为之一的,给予降级或者撤职的行政处分;构成犯罪的,依照刑法有关规定追究刑事责任:

(一)对不符合法定安全生产条件的涉及安全生产的事项予以批准或者验收通过的;

(二)发现未依法取得批准、验收的单位擅自从事有关活动或者接到举报后不予取缔或者不依法予以处理的;

(三)对已经依法取得批准的单位不履行监督管理职责,发现其不再具备安全生产条件而不撤销原批准或者发现安全生产违法行为不予查处的。

第七十八条　负有安全生产监督管理职责的部门,要求被审查、验收的单位购买其指定的安全设备、器材或者其他产品的,在对安全生产事项的审查、验收中收取费用的,由其上级机关或者监察机关责令改正,责令退还收取的费用;情节严重的,对直接负责的主管人员和其他直接责任人员依法给予行政处分。

第七十九条　承担安全评价、认证、检测、检验工作的机构,出具虚假证明,构成犯罪的,依照刑法有关规定追究刑事责任;尚不够刑事处罚的,没收违法所得,违法所得在五千元以上的,并处违法所得二倍以上五倍以下的罚款,没有违法所得或者违法所得不足五千元的,单处或者并处五千元以上二万元以下的罚款,对其直接负责的主管人员和其他直接责任人员处五千元以上五万元以下的罚款;给他人造成损害的,与生产经营单位承担连带赔偿责任。

对有前款违法行为的机构,撤销其相应资格。

第八十条　生产经营单位的决策机构、主要负责人、个人经营的投资人不依照本法规定保证安全生产所必需的资金投入,致使生产经营单位不具备安全生产条件的,责令限期改正,提供必需的资金;逾期未改正的,责令生产经营单位停产停业整顿。

有前款违法行为,导致发生生产安全事故,构成犯罪的,依照刑法有关规定追究刑事责任;尚不够刑事处罚的,对生产经营单位的主要负责人给予撤职处分,对个人经营的投资人处二万元以上二十万元以下的罚款。

第八十一条　生产经营单位的主要负责人未履行本法规定的安全生产管理职责的,责令限期改正;逾期未改正的,责令生产经营单位停产停业整顿。

生产经营单位的主要负责人有前款违法行为,导致发生生产安全事故,构成犯罪的,依照刑法有关规定追究刑事责任;尚不够刑事处罚的,给予撤职处分或者处二万元以上二十万元以下的罚款。

生产经营单位的主要负责人依照前款规定受刑事处罚或者撤职处分的,自刑罚执行完毕或者受处分之日起,五年内不得担任任何生产经营单位的主要负责人。

第八十二条 生产经营单位有下列行为之一的,责令限期改正;逾期未改正的,责令停产停业整顿,可以并处二万元以下的罚款:

(一)未按照规定设立安全生产管理机构或者配备安全生产管理人员的;

(二)危险物品的生产、经营、储存单位以及矿山、建筑施工单位的主要负责人和安全生产管理人员未按照规定经考核合格的;

(三)未按照本法第二十一条、第二十二条的规定对从业人员进行安全生产教育和培训,或者未按照本法第三十六条的规定如实告知从业人员有关的安全生产事项的;

(四)特种作业人员未按照规定经专门的安全作业培训并取得特种作业操作资格证书,上岗作业的。

第八十三条 生产经营单位有下列行为之一的,责令限期改正;逾期未改正的,责令停止建设或者停产停业整顿,可以并处五万元以下的罚款;造成严重后果,构成犯罪的,依照刑法有关规定追究刑事责任:

(一)矿山建设项目或者用于生产、储存危险物品的建设项目没有安全设施设计或者安全设施设计未按照规定报经有关部门审查同意的;

(二)矿山建设项目或者用于生产、储存危险物品的建设项目的施工单位未按照批准的安全设施设计施工的;

(三)矿山建设项目或者用于生产、储存危险物品的建设项目竣工投入生产或者使用前,安全设施未经验收合格的;

(四)未在有较大危险因素的生产经营场所和有关设施、设备上设置明显的安全警示标志的;

(五)安全设备的安装、使用、检测、改造和报废不符合国家标准或者行业标准的;

(六)未对安全设备进行经常性维护、保养和定期检测的;

(七)未为从业人员提供符合国家标准或者行业标准的劳动防护用品的;

(八)特种设备以及危险物品的容器、运输工具未经取得专业资质的机构检测、检验合格,取得安全使用证或者安全标志,投入使用的;

(九)使用国家明令淘汰、禁止使用的危及生产安全的工艺、设备的。

第八十四条 未经依法批准,擅自生产、经营、储存危险物品的,责令停止违法行为或者予以关闭,没收违法所得,违法所得十万元以上的,并处违法所得一倍以上五倍以下的罚款,没有违法所得或者违法所得不足十万元的,单处或者并处二万元以上十万元以下的罚款;造成严重后果,构成犯罪的,依照刑法有关规定追究刑事责任。

第八十五条 生产经营单位有下列行为之一的,责令限期改正;逾期未改正

的,责令停产停业整顿,可以并处二万元以上十万元以下的罚款;造成严重后果,构成犯罪的,依照刑法有关规定追究刑事责任:

(一)生产、经营、储存、使用危险物品,未建立专门安全管理制度、未采取可靠的安全措施或者不接受有关主管部门依法实施的监督管理的;

(二)对重大危险源未登记建档,或者未进行评估、监控,或者未制定应急预案的;

(三)进行爆破、吊装等危险作业,未安排专门管理人员进行现场安全管理的。

第八十六条 生产经营单位将生产经营项目、场所、设备发包或者出租给不具备安全生产条件或者相应资质的单位或者个人的,责令限期改正,没收违法所得;违法所得五万元以上的,并处违法所得一倍以上五倍以下的罚款;没有违法所得或者违法所得不足五万元的,单处或者并处一万元以上五万元以下的罚款;导致发生生产安全事故给他人造成损害的,与承包方、承租方承担连带赔偿责任。

生产经营单位未与承包单位、承租单位签订专门的安全生产管理协议或者未在承包合同、租赁合同中明确各自的安全生产管理职责,或者未对承包单位、承租单位的安全生产统一协调、管理的,责令限期改正;逾期未改正的,责令停产停业整顿。

第八十七条 两个以上生产经营单位在同一作业区域内进行可能危及对方安全生产的生产经营活动,未签订安全生产管理协议或者未指定专职安全生产管理人员进行安全检查与协调的,责令限期改正;逾期未改正的,责令停产停业。

第八十八条 生产经营单位有下列行为之一的,责令限期改正;逾期未改正的,责令停产停业整顿;造成严重后果,构成犯罪的,依照刑法有关规定追究刑事责任:

(一)生产、经营、储存、使用危险物品的车间、商店、仓库与员工宿舍在同一座建筑内,或者与员工宿舍的距离不符合安全要求的;

(二)生产经营场所和员工宿舍未设有符合紧急疏散需要、标志明显、保持畅通的出口,或者封闭、堵塞生产经营场所或者员工宿舍出口的。

第八十九条 生产经营单位与从业人员订立协议,免除或者减轻其对从业人员因生产安全事故伤亡依法应承担的责任的,该协议无效;对生产经营单位的主要负责人、个人经营的投资人处二万元以上十万元以下的罚款。

第九十条 生产经营单位的从业人员不服从管理,违反安全生产规章制度或者操作规程的,由生产经营单位给予批评教育,依照有关规章制度给予处分;造成重大事故,构成犯罪的,依照刑法有关规定追究刑事责任。

第九十一条 生产经营单位主要负责人在本单位发生重大生产安全事故时,不立即组织抢救或者在事故调查处理期间擅离职守或者逃匿的,给予降职、撤职的处分,对逃匿的处十五日以下拘留;构成犯罪的,依照刑法有关规定追究刑事责任。

生产经营单位主要负责人对生产安全事故隐瞒不报、谎报或者拖延不报的,依照前款规定处罚。

第九十二条　有关地方人民政府、负有安全生产监督管理职责的部门,对生产安全事故隐瞒不报、谎报或者拖延不报的,对直接负责的主管人员和其他直接责任人员依法给予行政处分;构成犯罪的,依照刑法有关规定追究刑事责任。

第九十三条　生产经营单位不具备本法和其他有关法律、行政法规和国家标准或者行业标准规定的安全生产条件,经停产停业整顿仍不具备安全生产条件的,予以关闭;有关部门应当依法吊销其有关证照。

第九十四条　本法规定的行政处罚,由负责安全生产监督管理的部门决定;予以关闭的行政处罚由负责安全生产监督管理的部门报请县级以上人民政府按照国务院规定的权限决定;给予拘留的行政处罚由公安机关依照治安管理处罚条例的规定决定。有关法律、行政法规对行政处罚的决定机关另有规定的,依照其规定。

第九十五条　生产经营单位发生生产安全事故造成人员伤亡、他人财产损失的,应当依法承担赔偿责任;拒不承担或者其负责人逃匿的,由人民法院依法强制执行。

生产安全事故的责任人未依法承担赔偿责任,经人民法院依法采取执行措施后,仍不能对受害人给予足额赔偿的,应当继续履行赔偿义务;受害人发现责任人有其他财产的,可以随时请求人民法院执行。

第七章　附　则

第九十六条　本法下列用语的含义:

危险物品,是指易燃易爆物品、危险化学品、放射性物品等能够危及人身安全和财产安全的物品。

重大危险源,是指长期地或者临时地生产、搬运、使用或者储存危险物品,且危险物品的数量等于或者超过临界量的单元(包括场所和设施)。

第九十七条　本法自 2002 年 11 月 1 日起施行。

附录2　中华人民共和国消防法

由中华人民共和国第十一届全国人民代表大会常务委员会第五次会议于2008年10月28日修订通过,现将修订后的《中华人民共和国消防法》公布,自2009年5月1日起施行。

第一章　总　则

第一条　为了预防火灾和减少火灾危害,加强应急救援工作,保护人身、财产安全,维护公共安全,制定本法。

第二条　消防工作贯彻预防为主、防消结合的方针,按照政府统一领导、部门依法监管、单位全面负责、公民积极参与的原则,实行消防安全责任制,建立健全社会化的消防工作网络。

第三条　国务院领导全国的消防工作。地方各级人民政府负责本行政区域内的消防工作。

各级人民政府应当将消防工作纳入国民经济和社会发展计划,保障消防工作与经济社会发展相适应。

第四条　国务院公安部门对全国的消防工作实施监督管理。县级以上地方人民政府公安机关对本行政区域内的消防工作实施监督管理,并由本级人民政府公安机关消防机构负责实施。军事设施的消防工作,由其主管单位监督管理,公安机关消防机构协助；矿井地下部分、核电厂、海上石油天然气设施的消防工作,由其主管单位监督管理。

县级以上人民政府其他有关部门在各自的职责范围内,依照本法和其他相关法律、法规的规定做好消防工作。

法律、行政法规对森林、草原的消防工作另有规定的,从其规定。

第五条　任何单位和个人都有维护消防安全、保护消防设施、预防火灾、报告火警的义务。任何单位和成年人都有参加有组织的灭火工作的义务。

第六条　各级人民政府应当组织开展经常性的消防宣传教育,提高公民的消防安全意识。

机关、团体、企业、事业等单位,应当加强对本单位人员的消防宣传教育。

公安机关及其消防机构应当加强消防法律、法规的宣传,并督促、指导、协助有关单位做好消防宣传教育工作。

教育、人力资源行政主管部门和学校、有关职业培训机构应当将消防知识纳入教育、教学、培训的内容。

新闻、广播、电视等有关单位,应当有针对性地面向社会进行消防宣传教育。

工会、共产主义青年团、妇女联合会等团体应当结合各自工作对象的特点,组织开展消防宣传教育。

村民委员会、居民委员会应当协助人民政府以及公安机关等部门,加强消防宣传教育。

第七条　国家鼓励、支持消防科学研究和技术创新,推广使用先进的消防和应急救援技术、设备;鼓励、支持社会力量开展消防公益活动。

对在消防工作中有突出贡献的单位和个人,应当按照国家有关规定给予表彰和奖励。

第二章　火灾预防

第八条　地方各级人民政府应当将包括消防安全布局、消防站、消防供水、消防通信、消防车通道、消防装备等内容的消防规划纳入城乡规划,并负责组织实施。

城乡消防安全布局不符合消防安全要求的,应当调整、完善;公共消防设施、消防装备不足或者不适应实际需要的,应当增建、改建、配置或者进行技术改造。

第九条　建设工程的消防设计、施工必须符合国家工程建设消防技术标准。建设、设计、施工、工程监理等单位依法对建设工程的消防设计、施工质量负责。

第十条　按照国家工程建设消防技术标准需要进行消防设计的建设工程,除本法第十一条另有规定的外,建设单位应当自依法取得施工许可之日起七个工作日内,将消防设计文件报公安机关消防机构备案,公安机关消防机构应当进行抽查。

第十一条　国务院公安部门规定的大型的人员密集场所和其他特殊建设工程,建设单位应当将消防设计文件报送公安机关消防机构审核。公安机关消防机构依法对审核的结果负责。

第十二条　依法应当经公安机关消防机构进行消防设计审核的建设工程,未经依法审核或者审核不合格的,负责审批该工程施工许可的部门不得给予施工许可,建设单位、施工单位不得施工;其他建设工程取得施工许可后经依法抽查不合格的,应当停止施工。

第十三条　按照国家工程建设消防技术标准需要进行消防设计的建设工程竣工,依照下列规定进行消防验收、备案:

(一)本法第十一条规定的建设工程,建设单位应当向公安机关消防机构申请消防验收;

(二)其他建设工程,建设单位在验收后应当报公安机关消防机构备案,公安机关消防机构应当进行抽查。

依法应当进行消防验收的建设工程,未经消防验收或者消防验收不合格的,禁止投入使用;其他建设工程经依法抽查不合格的,应当停止使用。

第十四条 建设工程消防设计审核、消防验收、备案和抽查的具体办法,由国务院公安部门规定。

第十五条 公众聚集场所在投入使用、营业前,建设单位或者使用单位应当向场所所在地的县级以上地方人民政府公安机关消防机构申请消防安全检查。

公安机关消防机构应当自受理申请之日起十个工作日内,根据消防技术标准和管理规定,对该场所进行消防安全检查。未经消防安全检查或者经检查不符合消防安全要求的,不得投入使用、营业。

第十六条 机关、团体、企业、事业等单位应当履行下列消防安全职责:

(一)落实消防安全责任制,制定本单位的消防安全制度、消防安全操作规程,制定灭火和应急疏散预案;

(二)按照国家标准、行业标准配置消防设施、器材,设置消防安全标志,并定期组织检验、维修,确保完好有效;

(三)对建筑消防设施每年至少进行一次全面检测,确保完好有效,检测记录应当完整准确,存档备查;

(四)保障疏散通道、安全出口、消防车通道畅通,保证防火防烟分区、防火间距符合消防技术标准;

(五)组织防火检查,及时消除火灾隐患;

(六)组织进行有针对性的消防演练;

(七)法律、法规规定的其他消防安全职责。

单位的主要负责人是本单位的消防安全责任人。

第十七条 县级以上地方人民政府公安机关消防机构应当将发生火灾可能性较大以及发生火灾可能造成重大的人身伤亡或者财产损失的单位,确定为本行政区域内的消防安全重点单位,并由公安机关报本级人民政府备案。

消防安全重点单位除应当履行本法第十六条规定的职责外,还应当履行下列消防安全职责:

(一)确定消防安全管理人,组织实施本单位的消防安全管理工作;

(二)建立消防档案,确定消防安全重点部位,设置防火标志,实行严格管理;

(三)实行每日防火巡查,并建立巡查记录;

(四)对职工进行岗前消防安全培训,定期组织消防安全培训和消防演练。

第十八条 同一建筑物由两个以上单位管理或者使用的,应当明确各方的消防安全责任,并确定责任人对共用的疏散通道、安全出口、建筑消防设施和消防车通道进行统一管理。

住宅区的物业服务企业应当对管理区域内的共用消防设施进行维护管理,提供消防安全防范服务。

第十九条 生产、储存、经营易燃易爆危险品的场所不得与居住场所设置在同一建筑物内,并应当与居住场所保持安全距离。

生产、储存、经营其他物品的场所与居住场所设置在同一建筑物内的,应当符合国家工程建设消防技术标准。

第二十条 举办大型群众性活动,承办人应当依法向公安机关申请安全许可,制定灭火和应急疏散预案并组织演练,明确消防安全责任分工,确定消防安全管理人员,保持消防设施和消防器材配置齐全、完好有效,保证疏散通道、安全出口、疏散指示标志、应急照明和消防车通道符合消防技术标准和管理规定。

第二十一条 禁止在具有火灾、爆炸危险的场所吸烟、使用明火。因施工等特殊情况需要使用明火作业的,应当按照规定事先办理审批手续,采取相应的消防安全措施;作业人员应当遵守消防安全规定。

进行电焊、气焊等具有火灾危险作业的人员和自动消防系统的操作人员,必须持证上岗,并遵守消防安全操作规程。

第二十二条 生产、储存、装卸易燃易爆危险品的工厂、仓库和专用车站、码头的设置,应当符合消防技术标准。易燃易爆气体和液体的充装站、供应站、调压站,应当设置在符合消防安全要求的位置,并符合防火防爆要求。

已经设置的生产、储存、装卸易燃易爆危险品的工厂、仓库和专用车站、码头,易燃易爆气体和液体的充装站、供应站、调压站,不再符合前款规定的,地方人民政府应当组织、协调有关部门、单位限期解决,消除安全隐患。

第二十三条 生产、储存、运输、销售、使用、销毁易燃易爆危险品,必须执行消防技术标准和管理规定。

进入生产、储存易燃易爆危险品的场所,必须执行消防安全规定。禁止非法携带易燃易爆危险品进入公共场所或者乘坐公共交通工具。

储存可燃物资仓库的管理,必须执行消防技术标准和管理规定。

第二十四条 消防产品必须符合国家标准;没有国家标准的,必须符合行业标准。禁止生产、销售或者使用不合格的消防产品以及国家明令淘汰的消防产品。

依法实行强制性产品认证的消防产品,由具有法定资质的认证机构按照国家标准、行业标准的强制性要求认证合格后,方可生产、销售、使用。实行强制性产品认证的消防产品目录,由国务院产品质量监督部门会同国务院公安部门制定并公布。

新研制的尚未制定国家标准、行业标准的消防产品,应当按照国务院产品质量监督部门会同国务院公安部门规定的办法,经技术鉴定符合消防安全要求的,方可生产、销售、使用。

依照本条规定经强制性产品认证合格或者技术鉴定合格的消防产品,国务院公安部门消防机构应当予以公布。

第二十五条 产品质量监督部门、工商行政管理部门、公安机关消防机构应当按照各自职责加强对消防产品质量的监督检查。

第二十六条 建筑构件、建筑材料和室内装修、装饰材料的防火性能必须符合国家标准；没有国家标准的，必须符合行业标准。

人员密集场所室内装修、装饰，应当按照消防技术标准的要求，使用不燃、难燃材料。

第二十七条 电器产品、燃气用具的产品标准，应当符合消防安全的要求。

电器产品、燃气用具的安装、使用及其线路、管路的设计、敷设、维护保养、检测，必须符合消防技术标准和管理规定。

第二十八条 任何单位、个人不得损坏、挪用或者擅自拆除、停用消防设施、器材，不得埋压、圈占、遮挡消火栓或者占用防火间距，不得占用、堵塞、封闭疏散通道、安全出口、消防车通道。人员密集场所的门窗不得设置影响逃生和灭火救援的障碍物。

第二十九条 负责公共消防设施维护管理的单位，应当保持消防供水、消防通信、消防车通道等公共消防设施的完好有效。在修建道路以及停电、停水、截断通信线路时有可能影响消防队灭火救援的，有关单位必须事先通知当地公安机关消防机构。

第三十条 地方各级人民政府应当加强对农村消防工作的领导，采取措施加强公共消防设施建设，组织建立和督促落实消防安全责任制。

第三十一条 在农业收获季节、森林和草原防火期间、重大节假日期间以及火灾多发季节，地方各级人民政府应当组织开展有针对性的消防宣传教育，采取防火措施，进行消防安全检查。

第三十二条 乡镇人民政府、城市街道办事处应当指导、支持和帮助村民委员会、居民委员会开展群众性的消防工作。村民委员会、居民委员会应当确定消防安全管理人，组织制定防火安全公约，进行防火安全检查。

第三十三条 国家鼓励、引导公众聚集场所和生产、储存、运输、销售易燃易爆危险品的企业投保火灾公众责任保险；鼓励保险公司承保火灾公众责任保险。

第三十四条 消防产品质量认证、消防设施检测、消防安全监测等消防技术服务机构和执业人员，应当依法获得相应的资质、资格；依照法律、行政法规、国家标准、行业标准和执业准则，接受委托提供消防技术服务，并对服务质量负责。

第三章 消防组织

第三十五条 各级人民政府应当加强消防组织建设，根据经济社会发展的需要，建立多种形式的消防组织，加强消防技术人才培养，增强火灾预防、扑救和应急救援的能力。

第三十六条　县级以上地方人民政府应当按照国家规定建立公安消防队、专职消防队，并按照国家标准配备消防装备，承担火灾扑救工作。

乡镇人民政府应当根据当地经济发展和消防工作的需要，建立专职消防队、志愿消防队，承担火灾扑救工作。

第三十七条　公安消防队、专职消防队按照国家规定承担重大灾害事故和其他以抢救人员生命为主的应急救援工作。

第三十八条　公安消防队、专职消防队应当充分发挥火灾扑救和应急救援专业力量的骨干作用；按照国家规定，组织实施专业技能训练，配备并维护保养装备器材，提高火灾扑救和应急救援的能力。

第三十九条　下列单位应当建立单位专职消防队，承担本单位的火灾扑救工作：

（一）大型核设施单位、大型发电厂、民用机场、主要港口；

（二）生产、储存易燃易爆危险品的大型企业；

（三）储备可燃的重要物资的大型仓库、基地；

（四）第一项、第二项、第三项规定以外的火灾危险性较大、距离公安消防队较远的其他大型企业；

（五）距离公安消防队较远、被列为全国重点文物保护单位的古建筑群的管理单位。

第四十条　专职消防队的建立，应当符合国家有关规定，并报当地公安机关消防机构验收。

专职消防队的队员依法享受社会保险和福利待遇。

第四十一条　机关、团体、企业、事业等单位以及村民委员会、居民委员会根据需要，建立志愿消防队等多种形式的消防组织，开展群众性自防自救工作。

第四十二条　公安机关消防机构应当对专职消防队、志愿消防队等消防组织进行业务指导；根据扑救火灾的需要，可以调动指挥专职消防队参加火灾扑救工作。

第四章　灭火救援

第四十三条　县级以上地方人民政府应当组织有关部门针对本行政区域内的火灾特点制定应急预案，建立应急反应和处置机制，为火灾扑救和应急救援工作提供人员、装备等保障。

第四十四条　任何人发现火灾都应当立即报警。任何单位、个人都应当无偿为报警提供便利，不得阻拦报警。严禁谎报火警。

人员密集场所发生火灾，该场所的现场工作人员应当立即组织、引导在场人员疏散。

任何单位发生火灾，必须立即组织力量扑救。邻近单位应当给予支援。

消防队接到火警,必须立即赶赴火灾现场,救助遇险人员,排除险情,扑灭火灾。

第四十五条 公安机关消防机构统一组织和指挥火灾现场扑救,应当优先保障遇险人员的生命安全。

火灾现场总指挥根据扑救火灾的需要,有权决定下列事项:

(一)使用各种水源;

(二)截断电力、可燃气体和可燃液体的输送,限制用火用电;

(三)划定警戒区,实行局部交通管制;

(四)利用临近建筑物和有关设施;

(五)为了抢救人员和重要物资,防止火势蔓延,拆除或者破损毗邻火灾现场的建筑物、构筑物或者设施等;

(六)调动供水、供电、供气、通信、医疗救护、交通运输、环境保护等有关单位协助灭火救援。

根据扑救火灾的紧急需要,有关地方人民政府应当组织人员、调集所需物资支援灭火。

第四十六条 公安消防队、专职消防队参加火灾以外的其他重大灾害事故的应急救援工作,由县级以上人民政府统一领导。

第四十七条 消防车、消防艇前往执行火灾扑救或者应急救援任务,在确保安全的前提下,不受行驶速度、行驶路线、行驶方向和指挥信号的限制,其他车辆、船舶以及行人应当让行,不得穿插超越;收费公路、桥梁免收车辆通行费。交通管理指挥人员应当保证消防车、消防艇迅速通行。

赶赴火灾现场或者应急救援现场的消防人员和调集的消防装备、物资,需要铁路、水路或者航空运输的,有关单位应当优先运输。

第四十八条 消防车、消防艇以及消防器材、装备和设施,不得用于与消防和应急救援工作无关的事项。

第四十九条 公安消防队、专职消防队扑救火灾、应急救援,不得收取任何费用。

单位专职消防队、志愿消防队参加扑救外单位火灾所损耗的燃料、灭火剂和器材、装备等,由火灾发生地的人民政府给予补偿。

第五十条 对因参加扑救火灾或者应急救援受伤、致残或者死亡的人员,按照国家有关规定给予医疗、抚恤。

第五十一条 公安机关消防机构有权根据需要封闭火灾现场,负责调查火灾原因,统计火灾损失。

火灾扑灭后,发生火灾的单位和相关人员应当按照公安机关消防机构的要求保护现场,接受事故调查,如实提供与火灾有关的情况。

公安机关消防机构根据火灾现场勘验、调查情况和有关的检验、鉴定意见,及时制作火灾事故认定书,作为处理火灾事故的证据。

第五章　监督检查

第五十二条　地方各级人民政府应当落实消防工作责任制,对本级人民政府有关部门履行消防安全职责的情况进行监督检查。

县级以上地方人民政府有关部门应当根据本系统的特点,有针对性地开展消防安全检查,及时督促整改火灾隐患。

第五十三条　公安机关消防机构应当对机关、团体、企业、事业等单位遵守消防法律、法规的情况依法进行监督检查。公安派出所可以负责日常消防监督检查、开展消防宣传教育,具体办法由国务院公安部门规定。

公安机关消防机构、公安派出所的工作人员进行消防监督检查,应当出示证件。

第五十四条　公安机关消防机构在消防监督检查中发现火灾隐患的,应当通知有关单位或者个人立即采取措施消除隐患;不及时消除隐患可能严重威胁公共安全的,公安机关消防机构应当依照规定对危险部位或者场所采取临时查封措施。

第五十五条　公安机关消防机构在消防监督检查中发现城乡消防安全布局、公共消防设施不符合消防安全要求,或者发现本地区存在影响公共安全的重大火灾隐患的,应当由公安机关书面报告本级人民政府。

接到报告的人民政府应当及时核实情况,组织或者责成有关部门、单位采取措施,予以整改。

第五十六条　公安机关消防机构及其工作人员应当按照法定的职权和程序进行消防设计审核、消防验收和消防安全检查,做到公正、严格、文明、高效。

公安机关消防机构及其工作人员进行消防设计审核、消防验收和消防安全检查等,不得收取费用,不得利用消防设计审核、消防验收和消防安全检查谋取利益。公安机关消防机构及其工作人员不得利用职务为用户、建设单位指定或者变相指定消防产品的品牌、销售单位或者消防技术服务机构、消防设施施工单位。

第五十七条　公安机关消防机构及其工作人员执行职务,应当自觉接受社会和公民的监督。

任何单位和个人都有权对公安机关消防机构及其工作人员在执法中的违法行为进行检举、控告。收到检举、控告的机关,应当按照职责及时查处。

第六章　法律责任

第五十八条　违反本法规定,有下列行为之一的,责令停止施工、停止使用或者停产停业,并处三万元以上三十万元以下罚款:

(一)依法应当经公安机关消防机构进行消防设计审核的建设工程,未经依法审核或者审核不合格,擅自施工的;

(二)消防设计经公安机关消防机构依法抽查不合格,不停止施工的;

(三)依法应当进行消防验收的建设工程,未经消防验收或者消防验收不合格,擅自投入使用的;

(四)建设工程投入使用后经公安机关消防机构依法抽查不合格,不停止使用的;

(五)公众聚集场所未经消防安全检查或者经检查不符合消防安全要求,擅自投入使用、营业的。

建设单位未依照本法规定将消防设计文件报公安机关消防机构备案,或者在竣工后未依照本法规定报公安机关消防机构备案的,责令限期改正,处五千元以下罚款。

第五十九条 违反本法规定,有下列行为之一的,责令改正或者停止施工,并处一万元以上十万元以下罚款:

(一)建设单位要求建筑设计单位或者建筑施工企业降低消防技术标准设计、施工的;

(二)建筑设计单位不按照消防技术标准强制性要求进行消防设计的;

(三)建筑施工企业不按照消防设计文件和消防技术标准施工,降低消防施工质量的;

(四)工程监理单位与建设单位或者建筑施工企业串通,弄虚作假,降低消防施工质量的。

第六十条 单位违反本法规定,有下列行为之一的,责令改正,处五千元以上五万元以下罚款:

(一)消防设施、器材或者消防安全标志的配置、设置不符合国家标准、行业标准,或者未保持完好有效的;

(二)损坏、挪用或者擅自拆除、停用消防设施、器材的;

(三)占用、堵塞、封闭疏散通道、安全出口或者有其他妨碍安全疏散行为的;

(四)埋压、圈占、遮挡消火栓或者占用防火间距的;

(五)占用、堵塞、封闭消防车通道,妨碍消防车通行的;

(六)人员密集场所在门窗上设置影响逃生和灭火救援的障碍物的;

(七)对火灾隐患经公安机关消防机构通知后不及时采取措施消除的。

个人有前款第二项、第三项、第四项、第五项行为之一的,处警告或者五百元以下罚款。

有本条第一款第三项、第四项、第五项、第六项行为,经责令改正拒不改正的,强制执行,所需费用由违法行为人承担。

第六十一条 生产、储存、经营易燃易爆危险品的场所与居住场所设置在同一建筑物内,或者未与居住场所保持安全距离的,责令停产停业,并处五千元以上五万元以下罚款。

生产、储存、经营其他物品的场所与居住场所设置在同一建筑物内,不符合消防技术标准的,依照前款规定处罚。

第六十二条　有下列行为之一的,依照《中华人民共和国治安管理处罚法》的规定处罚:

(一)违反有关消防技术标准和管理规定生产、储存、运输、销售、使用、销毁易燃易爆危险品的;

(二)非法携带易燃易爆危险品进入公共场所或者乘坐公共交通工具的;

(三)谎报火警的;

(四)阻碍消防车、消防艇执行任务的;

(五)阻碍公安机关消防机构的工作人员依法执行职务的。

第六十三条　违反本法规定,有下列行为之一的,处警告或者五百元以下罚款;情节严重的,处五日以下拘留:

(一)违反消防安全规定进入生产、储存易燃易爆危险品场所的;

(二)违反规定使用明火作业或者在具有火灾、爆炸危险的场所吸烟、使用明火的。

第六十四条　违反本法规定,有下列行为之一,尚不构成犯罪的,处十日以上十五日以下拘留,可以并处五百元以下罚款;情节较轻的,处警告或者五百元以下罚款:

(一)指使或者强令他人违反消防安全规定,冒险作业的;

(二)过失引起火灾的;

(三)在火灾发生后阻拦报警,或者负有报告职责的人员不及时报警的;

(四)扰乱火灾现场秩序,或者拒不执行火灾现场指挥员指挥,影响灭火救援的;

(五)故意破坏或者伪造火灾现场的;

(六)擅自拆封或者使用被公安机关消防机构查封的场所、部位的。

第六十五条　违反本法规定,生产、销售不合格的消防产品或者国家明令淘汰的消防产品的,由产品质量监督部门或者工商行政管理部门依照《中华人民共和国产品质量法》的规定从重处罚。

人员密集场所使用不合格的消防产品或者国家明令淘汰的消防产品的,责令限期改正;逾期不改正的,处五千元以上五万元以下罚款,并对其直接负责的主管人员和其他直接责任人员处五百元以上二千元以下罚款;情节严重的,责令停产停业。

公安机关消防机构对于本条第二款规定的情形,除依法对使用者予以处罚外,应当将发现不合格的消防产品和国家明令淘汰的消防产品的情况通报产品质量监督部门、工商行政管理部门。产品质量监督部门、工商行政管理部门应当对生产者、销售者依法及时查处。

第六十六条　电器产品、燃气用具的安装、使用及其线路、管路的设计、敷设、维护保养、检测不符合消防技术标准和管理规定的,责令限期改正;逾期不改正的,责令停止使用,可以并处一千元以上五千元以下罚款。

第六十七条　机关、团体、企业、事业等单位违反本法第十六条、第十七条、第十八条、第二十一条第二款规定的,责令限期改正;逾期不改正的,对其直接负责的主管人员和其他直接责任人员依法给予处分或者给予警告处罚。

第六十八条　人员密集场所发生火灾,该场所的现场工作人员不履行组织、引导在场人员疏散的义务,情节严重,尚不构成犯罪的,处五日以上十日以下拘留。

第六十九条　消防产品质量认证、消防设施检测等消防技术服务机构出具虚假文件的,责令改正,处五万元以上十万元以下罚款,并对直接负责的主管人员和其他直接责任人员处一万元以上五万元以下罚款;有违法所得的,并处没收违法所得;给他人造成损失的,依法承担赔偿责任;情节严重的,由原许可机关依法责令停止执业或者吊销相应资质、资格。

前款规定的机构出具失实文件,给他人造成损失的,依法承担赔偿责任;造成重大损失的,由原许可机关依法责令停止执业或者吊销相应资质、资格。

第七十条　本法规定的行政处罚,除本法另有规定的外,由公安机关消防机构决定;其中拘留处罚由县级以上公安机关依照《中华人民共和国治安管理处罚法》的有关规定决定。

公安机关消防机构需要传唤消防安全违法行为人的,依照《中华人民共和国治安管理处罚法》的有关规定执行。

被责令停止施工、停止使用、停产停业的,应当在整改后向公安机关消防机构报告,经公安机关消防机构检查合格,方可恢复施工、使用、生产、经营。

当事人逾期不执行停产停业、停止使用、停止施工决定的,由做出决定的公安机关消防机构强制执行。

责令停产停业,对经济和社会生活影响较大的,由公安机关消防机构提出意见,并由公安机关报请本级人民政府依法决定。本级人民政府组织公安机关等部门实施。

第七十一条　公安机关消防机构的工作人员滥用职权、玩忽职守、徇私舞弊,有下列行为之一,尚不构成犯罪的,依法给予处分:

(一)对不符合消防安全要求的消防设计文件、建设工程、场所准予审核合格、消防验收合格、消防安全检查合格的;

(二)无故拖延消防设计审核、消防验收、消防安全检查,不在法定期限内履行职责的;

(三)发现火灾隐患不及时通知有关单位或者个人整改的;

(四)利用职务为用户、建设单位指定或者变相指定消防产品的品牌、销售单位或者消防技术服务机构、消防设施施工单位的;

（五）将消防车、消防艇以及消防器材、装备和设施用于与消防和应急救援无关的事项的；

（六）其他滥用职权、玩忽职守、徇私舞弊的行为。

建设、产品质量监督、工商行政管理等其他有关行政主管部门的工作人员在消防工作中滥用职权、玩忽职守、徇私舞弊，尚不构成犯罪的，依法给予处分。

第七十二条　违反本法规定，构成犯罪的，依法追究刑事责任。

第七章　附　则

第七十三条　本法下列用语的含义：

（一）消防设施，是指火灾自动报警系统、自动灭火系统、消火栓系统、防烟排烟系统以及应急广播和应急照明、安全疏散设施等。

（二）消防产品，是指专门用于火灾预防、灭火救援和火灾防护、避难、逃生的产品。

（三）公众聚集场所，是指宾馆、饭店、商场、集贸市场、客运车站候车室、客运码头候船厅、民用机场航站楼、体育场馆、会堂以及公共娱乐场所等。

（四）人员密集场所，是指公众聚集场所，医院的门诊楼、病房楼，学校的教学楼、图书馆、食堂和集体宿舍，养老院、福利院，托儿所、幼儿园，公共图书馆的阅览室，公共展览馆、博物馆的展示厅，劳动密集型企业的生产加工车间和员工集体宿舍，旅游、宗教活动场所等。

第七十四条　本法自2009年5月1日起施行。

附录3　中华人民共和国职业病防治法

2001年10月27日第九届全国人民代表大会常务委员会第二十四次会议通过,根据2011年12月31日第十一届全国人民代表大会常务委员会第二十四次会议《关于修改〈中华人民共和国职业病防治法〉的决定》修正。

第一章　总　则

第一条　为了预防、控制和消除职业病危害,防治职业病,保护劳动者健康及其相关权益,促进经济社会发展,根据宪法,制定本法。

第二条　本法适用于中华人民共和国领域内的职业病防治活动。

本法所称职业病,是指企业、事业单位和个体经济组织等用人单位的劳动者在职业活动中,因接触粉尘、放射性物质和其他有毒、有害因素而引起的疾病。

职业病的分类和目录由国务院卫生行政部门会同国务院安全生产监督管理部门、劳动保障行政部门制定、调整并公布。

第三条　职业病防治工作坚持预防为主、防治结合的方针,建立用人单位负责、行政机关监管、行业自律、职工参与和社会监督的机制,实行分类管理、综合治理。

第四条　劳动者依法享有职业卫生保护的权利。

用人单位应当为劳动者创造符合国家职业卫生标准和卫生要求的工作环境和条件,并采取措施保障劳动者获得职业卫生保护。

工会组织依法对职业病防治工作进行监督,维护劳动者的合法权益。用人单位制定或者修改有关职业病防治的规章制度,应当听取工会组织的意见。

第五条　用人单位应当建立、健全职业病防治责任制,加强对职业病防治的管理,提高职业病防治水平,对本单位产生的职业病危害承担责任。

第六条　用人单位的主要负责人对本单位的职业病防治工作全面负责。

第七条　用人单位必须依法参加工伤保险。

国务院和县级以上地方人民政府劳动保障行政部门应当加强对工伤保险的监督管理,确保劳动者依法享受工伤保险待遇。

第八条　国家鼓励和支持研制、开发、推广、应用有利于职业病防治和保护劳动者健康的新技术、新工艺、新设备、新材料,加强对职业病的机理和发生规律的基础研究,提高职业病防治科学技术水平;积极采用有效的职业病防治技术、工艺、设备、材料;限制使用或者淘汰职业病危害严重的技术、工艺、设备、材料。

国家鼓励和支持职业病医疗康复机构的建设。

第九条　国家实行职业卫生监督制度。

国务院安全生产监督管理部门、卫生行政部门、劳动保障行政部门依照本法和国务院确定的职责,负责全国职业病防治的监督管理工作。国务院有关部门在各自的职责范围内负责职业病防治的有关监督管理工作。

县级以上地方人民政府安全生产监督管理部门、卫生行政部门、劳动保障行政部门依据各自职责,负责本行政区域内职业病防治的监督管理工作。县级以上地方人民政府有关部门在各自的职责范围内负责职业病防治的有关监督管理工作。

县级以上人民政府安全生产监督管理部门、卫生行政部门、劳动保障行政部门(以下统称职业卫生监督管理部门)应当加强沟通,密切配合,按照各自职责分工,依法行使职权,承担责任。

第十条　国务院和县级以上地方人民政府应当制定职业病防治规划,将其纳入国民经济和社会发展计划,并组织实施。

县级以上地方人民政府统一负责、领导、组织、协调本行政区域的职业病防治工作,建立健全职业病防治工作体制、机制,统一领导、指挥职业卫生突发事件应对工作;加强职业病防治能力建设和服务体系建设,完善、落实职业病防治工作责任制。

乡、民族乡、镇的人民政府应当认真执行本法,支持职业卫生监督管理部门依法履行职责。

第十一条　县级以上人民政府职业卫生监督管理部门应当加强对职业病防治的宣传教育,普及职业病防治的知识,增强用人单位的职业病防治观念,提高劳动者的职业健康意识、自我保护意识和行使职业卫生保护权利的能力。

第十二条　有关防治职业病的国家职业卫生标准,由国务院卫生行政部门组织制定并公布。

国务院卫生行政部门应当组织开展重点职业病监测和专项调查,对职业健康风险进行评估,为制定职业卫生标准和职业病防治政策提供科学依据。

县级以上地方人民政府卫生行政部门应当定期对本行政区域的职业病防治情况进行统计和调查分析。

第十三条　任何单位和个人有权对违反本法的行为进行检举和控告。有关部门收到相关的检举和控告后,应当及时处理。

对防治职业病成绩显著的单位和个人,给予奖励。

第二章　前期预防

第十四条　用人单位应当依照法律、法规要求,严格遵守国家职业卫生标准,落实职业病预防措施,从源头上控制和消除职业病危害。

第十五条　产生职业病危害的用人单位的设立除应当符合法律、行政法规规定的设立条件外,其工作场所还应当符合下列职业卫生要求:

(一)职业病危害因素的强度或者浓度符合国家职业卫生标准;

(二)有与职业病危害防护相适应的设施;

(三)生产布局合理,符合有害与无害作业分开的原则;

(四)有配套的更衣间、洗浴间、孕妇休息间等卫生设施;

(五)设备、工具、用具等设施符合保护劳动者生理、心理健康的要求;

(六)法律、行政法规和国务院卫生行政部门、安全生产监督管理部门关于保护劳动者健康的其他要求。

第十六条　国家建立职业病危害项目申报制度。

用人单位工作场所存在职业病目录所列职业病的危害因素的,应当及时、如实向所在地安全生产监督管理部门申报危害项目,接受监督。

职业病危害因素分类目录由国务院卫生行政部门会同国务院安全生产监督管理部门制定、调整并公布。职业病危害项目申报的具体办法由国务院安全生产监督管理部门制定。

第十七条　新建、扩建、改建建设项目和技术改造、技术引进项目(以下统称建设项目)可能产生职业病危害的,建设单位在可行性论证阶段应当向安全生产监督管理部门提交职业病危害预评价报告。安全生产监督管理部门应当自收到职业病危害预评价报告之日起三十日内,做出审核决定并书面通知建设单位。未提交预评价报告或者预评价报告未经安全生产监督管理部门审核同意的,有关部门不得批准该建设项目。

职业病危害预评价报告应当对建设项目可能产生的职业病危害因素及其对工作场所和劳动者健康的影响做出评价,确定危害类别和职业病防护措施。

建设项目职业病危害分类管理办法由国务院安全生产监督管理部门制定。

第十八条　建设项目的职业病防护设施所需费用应当纳入建设项目工程预算,并与主体工程同时设计,同时施工,同时投入生产和使用。

职业病危害严重的建设项目的防护设施设计,应当经安全生产监督管理部门审查,符合国家职业卫生标准和卫生要求的,方可施工。

建设项目在竣工验收前,建设单位应当进行职业病危害控制效果评价。建设项目竣工验收时,其职业病防护设施经安全生产监督管理部门验收合格后,方可投入正式生产和使用。

第十九条　职业病危害预评价、职业病危害控制效果评价由依法设立的取得国务院安全生产监督管理部门或者设区的市级以上地方人民政府安全生产监督管理部门按照职责分工给予资质认可的职业卫生技术服务机构进行。职业卫生技术服务机构所作评价应当客观、真实。

第二十条　国家对从事放射性、高毒、高危粉尘等作业实行特殊管理。具体管理办法由国务院制定。

第三章　劳动过程中的防护与管理

第二十一条　用人单位应当采取下列职业病防治管理措施：

（一）设置或者指定职业卫生管理机构或者组织，配备专职或者兼职的职业卫生管理人员，负责本单位的职业病防治工作；

（二）制定职业病防治计划和实施方案；

（三）建立、健全职业卫生管理制度和操作规程；

（四）建立、健全职业卫生档案和劳动者健康监护档案；

（五）建立、健全工作场所职业病危害因素监测及评价制度；

（六）建立、健全职业病危害事故应急救援预案。

第二十二条　用人单位应当保障职业病防治所需的资金投入，不得挤占、挪用，并对因资金投入不足导致的后果承担责任。

第二十三条　用人单位必须采用有效的职业病防护设施，并为劳动者提供个人使用的职业病防护用品。

用人单位为劳动者个人提供的职业病防护用品必须符合防治职业病的要求；不符合要求的，不得使用。

第二十四条　用人单位应当优先采用有利于防治职业病和保护劳动者健康的新技术、新工艺、新设备、新材料，逐步替代职业病危害严重的技术、工艺、设备、材料。

第二十五条　产生职业病危害的用人单位，应当在醒目位置设置公告栏，公布有关职业病防治的规章制度、操作规程、职业病危害事故应急救援措施和工作场所职业病危害因素检测结果。

对产生严重职业病危害的作业岗位，应当在其醒目位置，设置警示标识和中文警示说明。警示说明应当载明产生职业病危害的种类、后果、预防以及应急救治措施等内容。

第二十六条　对可能发生急性职业损伤的有毒、有害工作场所，用人单位应当设置报警装置，配置现场急救用品、冲洗设备、应急撤离通道和必要的泄险区。

对放射工作场所和放射性同位素的运输、贮存，用人单位必须配置防护设备和报警装置，保证接触放射线的工作人员佩戴个人剂量计。

对职业病防护设备、应急救援设施和个人使用的职业病防护用品，用人单位应当进行经常性的维护、检修，定期检测其性能和效果，确保其处于正常状态，不得擅自拆除或者停止使用。

第二十七条　用人单位应当实施由专人负责的职业病危害因素日常监测，并确保监测系统处于正常运行状态。

用人单位应当按照国务院安全生产监督管理部门的规定,定期对工作场所进行职业病危害因素检测、评价。检测、评价结果存入用人单位职业卫生档案,定期向所在地安全生产监督管理部门报告并向劳动者公布。

职业病危害因素检测、评价由依法设立的取得国务院安全生产监督管理部门或者设区的市级以上地方人民政府安全生产监督管理部门按照职责分工给予资质认可的职业卫生技术服务机构进行。职业卫生技术服务机构所作检测、评价应当客观、真实。

发现工作场所职业病危害因素不符合国家职业卫生标准和卫生要求时,用人单位应当立即采取相应治理措施,仍然达不到国家职业卫生标准和卫生要求的,必须停止存在职业病危害因素的作业;职业病危害因素经治理后,符合国家职业卫生标准和卫生要求的,方可重新作业。

第二十八条 职业卫生技术服务机构依法从事职业病危害因素检测、评价工作,接受安全生产监督管理部门的监督检查。安全生产监督管理部门应当依法履行监督职责。

第二十九条 向用人单位提供可能产生职业病危害的设备的,应当提供中文说明书,并在设备的醒目位置设置警示标识和中文警示说明。警示说明应当载明设备性能、可能产生的职业病危害、安全操作和维护注意事项、职业病防护以及应急救治措施等内容。

第三十条 向用人单位提供可能产生职业病危害的化学品、放射性同位素和含有放射性物质的材料的,应当提供中文说明书。说明书应当载明产品特性、主要成分、存在的有害因素、可能产生的危害后果、安全使用注意事项、职业病防护以及应急救治措施等内容。产品包装应当有醒目的警示标识和中文警示说明。贮存上述材料的场所应当在规定的部位设置危险物品标识或者放射性警示标识。

国内首次使用或者首次进口与职业病危害有关的化学材料,使用单位或者进口单位按照国家规定经国务院有关部门批准后,应当向国务院卫生行政部门、安全生产监督管理部门报送该化学材料的毒性鉴定以及经有关部门登记注册或者批准进口的文件等资料。

进口放射性同位素、射线装置和含有放射性物质的物品的,按照国家有关规定办理。

第三十一条 任何单位和个人不得生产、经营、进口和使用国家明令禁止使用的可能产生职业病危害的设备或者材料。

第三十二条 任何单位和个人不得将产生职业病危害的作业转移给不具备职业病防护条件的单位和个人。不具备职业病防护条件的单位和个人不得接受产生职业病危害的作业。

第三十三条 用人单位对采用的技术、工艺、设备、材料,应当知悉其产生的职业病危害,对有职业病危害的技术、工艺、设备、材料隐瞒其危害而采用的,对所造成的职业病危害后果承担责任。

第三十四条　用人单位与劳动者订立劳动合同(含聘用合同,下同)时,应当将工作过程中可能产生的职业病危害及其后果、职业病防护措施和待遇等如实告知劳动者,并在劳动合同中写明,不得隐瞒或者欺骗。

劳动者在已订立劳动合同期间因工作岗位或者工作内容变更,从事与所订立劳动合同中未告知的存在职业病危害的作业时,用人单位应当依照前款规定,向劳动者履行如实告知的义务,并协商变更原劳动合同相关条款。

用人单位违反前两款规定的,劳动者有权拒绝从事存在职业病危害的作业,用人单位不得因此解除与劳动者所订立的劳动合同。

第三十五条　用人单位的主要负责人和职业卫生管理人员应当接受职业卫生培训,遵守职业病防治法律、法规,依法组织本单位的职业病防治工作。

用人单位应当对劳动者进行上岗前的职业卫生培训和在岗期间的定期职业卫生培训,普及职业卫生知识,督促劳动者遵守职业病防治法律、法规、规章和操作规程,指导劳动者正确使用职业病防护设备和个人使用的职业病防护用品。

劳动者应当学习和掌握相关的职业卫生知识,增强职业病防范意识,遵守职业病防治法律、法规、规章和操作规程,正确使用、维护职业病防护设备和个人使用的职业病防护用品,发现职业病危害事故隐患应当及时报告。

劳动者不履行前款规定义务的,用人单位应当对其进行教育。

第三十六条　对从事接触职业病危害的作业的劳动者,用人单位应当按照国务院安全生产监督管理部门、卫生行政部门的规定组织上岗前、在岗期间和离岗时的职业健康检查,并将检查结果书面告知劳动者。职业健康检查费用由用人单位承担。

用人单位不得安排未经上岗前职业健康检查的劳动者从事接触职业病危害的作业;不得安排有职业禁忌的劳动者从事其所禁忌的作业;对在职业健康检查中发现有与所从事的职业相关的健康损害的劳动者,应当调离原工作岗位,并妥善安置;对未进行离岗前职业健康检查的劳动者不得解除或者终止与其订立的劳动合同。

职业健康检查应当由省级以上人民政府卫生行政部门批准的医疗卫生机构承担。

第三十七条　用人单位应当为劳动者建立职业健康监护档案,并按照规定的期限妥善保存。

职业健康监护档案应当包括劳动者的职业史、职业病危害接触史、职业健康检查结果和职业病诊疗等有关个人健康资料。

劳动者离开用人单位时,有权索取本人职业健康监护档案复印件,用人单位应当如实、无偿提供,并在所提供的复印件上签章。

第三十八条　发生或者可能发生急性职业病危害事故时,用人单位应当立即采取应急救援和控制措施,并及时报告所在地安全生产监督管理部门和有关部门。安全生产监督管理部门接到报告后,应当及时会同有关部门组织调查处理;必要时,可以采取临时控制措施。卫生行政部门应当组织做好医疗救治工作。

对遭受或者可能遭受急性职业病危害的劳动者,用人单位应当及时组织救治、进行健康检查和医学观察,所需费用由用人单位承担。

第三十九条 用人单位不得安排未成年工从事接触职业病危害的作业;不得安排孕期、哺乳期的女职工从事对本人和胎儿、婴儿有危害的作业。

第四十条 劳动者享有下列职业卫生保护权利:

(一)获得职业卫生教育、培训;

(二)获得职业健康检查、职业病诊疗、康复等职业病防治服务;

(三)了解工作场所产生或者可能产生的职业病危害因素、危害后果和应当采取的职业病防护措施;

(四)要求用人单位提供符合防治职业病要求的职业病防护设施和个人使用的职业病防护用品,改善工作条件;

(五)对违反职业病防治法律、法规以及危及生命健康的行为提出批评、检举和控告;

(六)拒绝违章指挥和强令进行没有职业病防护措施的作业;

(七)参与用人单位职业卫生工作的民主管理,对职业病防治工作提出意见和建议。

用人单位应当保障劳动者行使前款所列权利。因劳动者依法行使正当权利而降低其工资、福利等待遇或者解除、终止与其订立的劳动合同的,其行为无效。

第四十一条 工会组织应当督促并协助用人单位开展职业卫生宣传教育和培训,有权对用人单位的职业病防治工作提出意见和建议,依法代表劳动者与用人单位签订劳动安全卫生专项集体合同,与用人单位就劳动者反映的有关职业病防治的问题进行协调并督促解决。

工会组织对用人单位违反职业病防治法律、法规,侵犯劳动者合法权益的行为,有权要求纠正;产生严重职业病危害时,有权要求采取防护措施,或者向政府有关部门建议采取强制性措施;发生职业病危害事故时,有权参与事故调查处理;发现危及劳动者生命健康的情形时,有权向用人单位建议组织劳动者撤离危险现场,用人单位应当立即做出处理。

第四十二条 用人单位按照职业病防治要求,用于预防和治理职业病危害、工作场所卫生检测、健康监护和职业卫生培训等费用,按照国家有关规定,在生产成本中据实列支。

第四十三条 职业卫生监督管理部门应当按照职责分工,加强对用人单位落实职业病防护管理措施情况的监督检查,依法行使职权,承担责任。

第四章 职业病诊断与职业病病人保障

第四十四条 医疗卫生机构承担职业病诊断,应当经省、自治区、直辖市人民政府卫生行政部门批准。省、自治区、直辖市人民政府卫生行政部门应当向社会公布本行政区域内承担职业病诊断的医疗卫生机构的名单。

承担职业病诊断的医疗卫生机构应当具备下列条件:

(一)持有《医疗机构执业许可证》;

(二)具有与开展职业病诊断相适应的医疗卫生技术人员;

(三)具有与开展职业病诊断相适应的仪器、设备;

(四)具有健全的职业病诊断质量管理制度。

承担职业病诊断的医疗卫生机构不得拒绝劳动者进行职业病诊断的要求。

第四十五条 劳动者可以在用人单位所在地、本人户籍所在地或者经常居住地依法承担职业病诊断的医疗卫生机构进行职业病诊断。

第四十六条 职业病诊断标准和职业病诊断、鉴定办法由国务院卫生行政部门制定。职业病伤残等级的鉴定办法由国务院劳动保障行政部门会同国务院卫生行政部门制定。

第四十七条 职业病诊断,应当综合分析下列因素:

(一)病人的职业史;

(二)职业病危害接触史和工作场所职业病危害因素情况;

(三)临床表现以及辅助检查结果等。

没有证据否定职业病危害因素与病人临床表现之间的必然联系的,应当诊断为职业病。

承担职业病诊断的医疗卫生机构在进行职业病诊断时,应当组织三名以上取得职业病诊断资格的执业医师集体诊断。

职业病诊断证明书应当由参与诊断的医师共同签署,并经承担职业病诊断的医疗卫生机构审核盖章。

第四十八条 用人单位应当如实提供职业病诊断、鉴定所需的劳动者职业史和职业病危害接触史、工作场所职业病危害因素检测结果等资料;安全生产监督管理部门应当监督检查和督促用人单位提供上述资料;劳动者和有关机构也应当提供与职业病诊断、鉴定有关的资料。

职业病诊断、鉴定机构需要了解工作场所职业病危害因素情况时,可以对工作场所进行现场调查,也可以向安全生产监督管理部门提出,安全生产监督管理部门应当在十日内组织现场调查。用人单位不得拒绝、阻挠。

第四十九条 职业病诊断、鉴定过程中,用人单位不提供工作场所职业病危害因素检测结果等资料的,诊断、鉴定机构应当结合劳动者的临床表现、辅助检查结果和劳动者的职业史、职业病危害接触史,并参考劳动者的自述、安全生产监督管理部门提供的日常监督检查信息等,做出职业病诊断、鉴定结论。

劳动者对用人单位提供的工作场所职业病危害因素检测结果等资料有异议,或者因劳动者的用人单位解散、破产,无用人单位提供上述资料的,诊断、鉴定机构应当提请安全生产监督管理部门进行调查,安全生产监督管理部门应当自接到申请之日起三十日内对存在异议的资料或者工作场所职业病危害因素情况做出判定;有关部门应当配合。

第五十条　职业病诊断、鉴定过程中,在确认劳动者职业史、职业病危害接触史时,当事人对劳动关系、工种、工作岗位或者在岗时间有争议的,可以向当地的劳动人事争议仲裁委员会申请仲裁;接到申请的劳动人事争议仲裁委员会应当受理,并在三十日内做出裁决。

当事人在仲裁过程中对自己提出的主张,有责任提供证据。劳动者无法提供由用人单位掌握管理的与仲裁主张有关的证据的,仲裁庭应当要求用人单位在指定期限内提供;用人单位在指定期限内不提供的,应当承担不利后果。

劳动者对仲裁裁决不服的,可以依法向人民法院提起诉讼。

用人单位对仲裁裁决不服的,可以在职业病诊断、鉴定程序结束之日起十五日内依法向人民法院提起诉讼;诉讼期间,劳动者的治疗费用按照职业病待遇规定的途径支付。

第五十一条　用人单位和医疗卫生机构发现职业病病人或者疑似职业病病人时,应当及时向所在地卫生行政部门和安全生产监督管理部门报告。确诊为职业病的,用人单位还应当向所在地劳动保障行政部门报告。接到报告的部门应当依法做出处理。

第五十二条　县级以上地方人民政府卫生行政部门负责本行政区域内的职业病统计报告的管理工作,并按照规定上报。

第五十三条　当事人对职业病诊断有异议的,可以向做出诊断的医疗卫生机构所在地地方人民政府卫生行政部门申请鉴定。

职业病诊断争议由设区的市级以上地方人民政府卫生行政部门根据当事人的申请,组织职业病诊断鉴定委员会进行鉴定。

当事人对设区的市级职业病诊断鉴定委员会的鉴定结论不服的,可以向省、自治区、直辖市人民政府卫生行政部门申请再鉴定。

第五十四条　职业病诊断鉴定委员会由相关专业的专家组成。

省、自治区、直辖市人民政府卫生行政部门应当设立相关的专家库,需要对职业病争议做出诊断鉴定时,由当事人或者当事人委托有关卫生行政部门从专家库中以随机抽取的方式确定参加诊断鉴定委员会的专家。

职业病诊断鉴定委员会应当按照国务院卫生行政部门颁布的职业病诊断标准和职业病诊断、鉴定办法进行职业病诊断鉴定,向当事人出具职业病诊断鉴定书。职业病诊断、鉴定费用由用人单位承担。

第五十五条　职业病诊断鉴定委员会组成人员应当遵守职业道德,客观、公正地进行诊断鉴定,并承担相应的责任。职业病诊断鉴定委员会组成人员不得私下接触当事人,不得收受当事人的财物或者其他好处,与当事人有利害关系的,应当回避。

人民法院受理有关案件需要进行职业病鉴定时,应当从省、自治区、直辖市人民政府卫生行政部门依法设立的相关的专家库中选取参加鉴定的专家。

第五十六条　医疗卫生机构发现疑似职业病病人时,应当告知劳动者本人并及时通知用人单位。

用人单位应当及时安排对疑似职业病病人进行诊断;在疑似职业病病人诊断或者医学观察期间,不得解除或者终止与其订立的劳动合同。

疑似职业病病人在诊断、医学观察期间的费用,由用人单位承担。

第五十七条　用人单位应当保障职业病病人依法享受国家规定的职业病待遇。

用人单位应当按照国家有关规定,安排职业病病人进行治疗、康复和定期检查。

用人单位对不适宜继续从事原工作的职业病病人,应当调离原岗位,并妥善安置。

用人单位对从事接触职业病危害的作业的劳动者,应当给予适当岗位津贴。

第五十八条　职业病病人的诊疗、康复费用,伤残以及丧失劳动能力的职业病人的社会保障,按照国家有关工伤保险的规定执行。

第五十九条　职业病病人除依法享有工伤保险外,依照有关民事法律,尚有获得赔偿的权利的,有权向用人单位提出赔偿要求。

第六十条　劳动者被诊断患有职业病,但用人单位没有依法参加工伤保险的,其医疗和生活保障由该用人单位承担。

第六十一条　职业病病人变动工作单位,其依法享有的待遇不变。

用人单位在发生分立、合并、解散、破产等情形时,应当对从事接触职业病危害的作业的劳动者进行健康检查,并按照国家有关规定妥善安置职业病病人。

第六十二条　用人单位已经不存在或者无法确认劳动关系的职业病病人,可以向地方人民政府民政部门申请医疗救助和生活等方面的救助。

地方各级人民政府应当根据本地区的实际情况,采取其他措施,使前款规定的职业病病人获得医疗救治。

第五章　监督检查

第六十三条　县级以上人民政府职业卫生监督管理部门依照职业病防治法律、法规、国家职业卫生标准和卫生要求,依据职责划分,对职业病防治工作进行监督检查。

第六十四条 安全生产监督管理部门履行监督检查职责时,有权采取下列措施:
(一)进入被检查单位和职业病危害现场,了解情况,调查取证;
(二)查阅或者复制与违反职业病防治法律、法规的行为有关的资料和采集样品;
(三)责令违反职业病防治法律、法规的单位和个人停止违法行为。

第六十五条 发生职业病危害事故或者有证据证明危害状态可能导致职业病危害事故发生时,安全生产监督管理部门可以采取下列临时控制措施:
(一)责令暂停导致职业病危害事故的作业;
(二)封存造成职业病危害事故或者可能导致职业病危害事故发生的材料和设备;
(三)组织控制职业病危害事故现场。

在职业病危害事故或者危害状态得到有效控制后,安全生产监督管理部门应当及时解除控制措施。

第六十六条 职业卫生监督执法人员依法执行职务时,应当出示监督执法证件。

职业卫生监督执法人员应当忠于职守,秉公执法,严格遵守执法规范;涉及用人单位的秘密的,应当为其保密。

第六十七条 职业卫生监督执法人员依法执行职务时,被检查单位应当接受检查并予以支持配合,不得拒绝和阻碍。

第六十八条 安全生产监督管理部门及其职业卫生监督执法人员履行职责时,不得有下列行为:
(一)对不符合法定条件的,发给建设项目有关证明文件、资质证明文件或者予以批准;
(二)对已经取得有关证明文件的,不履行监督检查职责;
(三)发现用人单位存在职业病危害的,可能造成职业病危害事故,不及时依法采取控制措施;
(四)其他违反本法的行为。

第六十九条 职业卫生监督执法人员应当依法经过资格认定。
职业卫生监督管理部门应当加强队伍建设,提高职业卫生监督执法人员的政治、业务素质,依照本法和其他有关法律、法规的规定,建立、健全内部监督制度,对其工作人员执行法律、法规和遵守纪律的情况,进行监督检查。

第六章 法律责任

第七十条 建设单位违反本法规定,有下列行为之一的,由安全生产监督管理部门给予警告,责令限期改正;逾期不改正的,处十万元以上五十万元以下的罚款;

情节严重的,责令停止产生职业病危害的作业,或者提请有关人民政府按照国务院规定的权限责令停建、关闭:

(一)未按照规定进行职业病危害预评价或者未提交职业病危害预评价报告,或者职业病危害预评价报告未经安全生产监督管理部门审核同意,开工建设的;

(二)建设项目的职业病防护设施未按照规定与主体工程同时投入生产和使用的;

(三)职业病危害严重的建设项目,其职业病防护设施设计未经安全生产监督管理部门审查,或者不符合国家职业卫生标准和卫生要求施工的;

(四)未按照规定对职业病防护设施进行职业病危害控制效果评价、未经安全生产监督管理部门验收或者验收不合格,擅自投入使用的。

第七十一条　违反本法规定,有下列行为之一的,由安全生产监督管理部门给予警告,责令限期改正;逾期不改正的,处十万元以下的罚款:

(一)工作场所职业病危害因素检测、评价结果没有存档、上报、公布的;

(二)未采取本法第二十一条规定的职业病防治管理措施的;

(三)未按照规定公布有关职业病防治的规章制度、操作规程、职业病危害事故应急救援措施的;

(四)未按照规定组织劳动者进行职业卫生培训,或者未对劳动者个人职业病防护采取指导、督促措施的;

(五)国内首次使用或者首次进口与职业病危害有关的化学材料,未按照规定报送毒性鉴定资料以及经有关部门登记注册或者批准进口的文件的。

第七十二条　用人单位违反本法规定,有下列行为之一的,由安全生产监督管理部门责令限期改正,给予警告,可以并处五万元以上十万元以下的罚款:

(一)未按照规定及时、如实向安全生产监督管理部门申报产生职业病危害的项目的;

(二)未实施由专人负责的职业病危害因素日常监测,或者监测系统不能正常监测的;

(三)订立或者变更劳动合同时,未告知劳动者职业病危害真实情况的;

(四)未按照规定组织职业健康检查、建立职业健康监护档案或者未将检查结果书面告知劳动者的;

(五)未依照本法规定在劳动者离开用人单位时提供职业健康监护档案复印件的。

第七十三条　用人单位违反本法规定,有下列行为之一的,由安全生产监督管理部门给予警告,责令限期改正,逾期不改正的,处五万元以上二十万元以下的罚款;情节严重的,责令停止产生职业病危害的作业,或者提请有关人民政府按照国务院规定的权限责令关闭:

(一)工作场所职业病危害因素的强度或者浓度超过国家职业卫生标准的;

(二)未提供职业病防护设施和个人使用的职业病防护用品,或者提供的职业病防护设施和个人使用的职业病防护用品不符合国家职业卫生标准和卫生要求的;

(三)对职业病防护设备、应急救援设施和个人使用的职业病防护用品未按照规定进行维护、检修、检测,或者不能保持正常运行、使用状态的;

(四)未按照规定对工作场所职业病危害因素进行检测、评价的;

(五)工作场所职业病危害因素经治理仍然达不到国家职业卫生标准和卫生要求时,未停止存在职业病危害因素的作业的;

(六)未按照规定安排职业病病人、疑似职业病病人进行诊治的;

(七)发生或者可能发生急性职业病危害事故时,未立即采取应急救援和控制措施或者未按照规定及时报告的;

(八)未按照规定在产生严重职业病危害的作业岗位醒目位置设置警示标识和中文警示说明的;

(九)拒绝职业卫生监督管理部门监督检查的;

(十)隐瞒、伪造、篡改、毁损职业健康监护档案、工作场所职业病危害因素检测评价结果等相关资料,或者拒不提供职业病诊断、鉴定所需资料的;

(十一)未按照规定承担职业病诊断、鉴定费用和职业病病人的医疗、生活保障费用的。

第七十四条 向用人单位提供可能产生职业病危害的设备、材料,未按照规定提供中文说明书或者设置警示标识和中文警示说明的,由安全生产监督管理部门责令限期改正,给予警告,并处五万元以上二十万元以下的罚款。

第七十五条 用人单位和医疗卫生机构未按照规定报告职业病、疑似职业病的,由有关主管部门依据职责分工责令限期改正,给予警告,可以并处一万元以下的罚款;弄虚作假的,并处二万元以上五万元以下的罚款;对直接负责的主管人员和其他直接责任人员,可以依法给予降级或者撤职的处分。

第七十六条 违反本法规定,有下列情形之一的,由安全生产监督管理部门责令限期治理,并处五万元以上三十万元以下的罚款;情节严重的,责令停止产生职业病危害的作业,或者提请有关人民政府按照国务院规定的权限责令关闭:

(一)隐瞒技术、工艺、设备、材料所产生的职业病危害而采用的;

(二)隐瞒本单位职业卫生真实情况的;

(三)可能发生急性职业损伤的有毒、有害工作场所、放射工作场所或者放射性同位素的运输、贮存不符合本法第二十六条规定的;

(四)使用国家明令禁止使用的可能产生职业病危害的设备或者材料的;

(五)将产生职业病危害的作业转移给没有职业病防护条件的单位和个人,或者没有职业病防护条件的单位和个人接受产生职业病危害的作业的;

(六)擅自拆除、停止使用职业病防护设备或者应急救援设施的;

(七)安排未经职业健康检查的劳动者、有职业禁忌的劳动者、未成年工或者孕期、哺乳期女职工从事接触职业病危害的作业或者禁忌作业的;

(八)违章指挥和强令劳动者进行没有职业病防护措施的作业的。

第七十七条　生产、经营或者进口国家明令禁止使用的可能产生职业病危害的设备或者材料的,依照有关法律、行政法规的规定给予处罚。

第七十八条　用人单位违反本法规定,已经对劳动者生命健康造成严重损害的,由安全生产监督管理部门责令停止产生职业病危害的作业,或者提请有关人民政府按照国务院规定的权限责令关闭,并处十万元以上五十万元以下的罚款。

第七十九条　用人单位违反本法规定,造成重大职业病危害事故或者其他严重后果,构成犯罪的,对直接负责的主管人员和其他直接责任人员,依法追究刑事责任。

第八十条　未取得职业卫生技术服务资质认可擅自从事职业卫生技术服务的,或者医疗卫生机构未经批准擅自从事职业健康检查、职业病诊断的,由安全生产监督管理部门和卫生行政部门依据职责分工责令立即停止违法行为,没收违法所得;违法所得五千元以上的,并处违法所得二倍以上十倍以下的罚款;没有违法所得或者违法所得不足五千元的,并处五千元以上五万元以下的罚款;情节严重的,对直接负责的主管人员和其他直接责任人员,依法给予降级、撤职或者开除的处分。

第八十一条　从事职业卫生技术服务的机构和承担职业健康检查、职业病诊断的医疗卫生机构违反本法规定,有下列行为之一的,由安全生产监督管理部门和卫生行政部门依据职责分工责令立即停止违法行为,给予警告,没收违法所得;违法所得五千元以上的,并处违法所得二倍以上五倍以下的罚款;没有违法所得或者违法所得不足五千元的,并处五千元以上二万元以下的罚款;情节严重的,由原认可或者批准机关取消其相应的资格;对直接负责的主管人员和其他直接责任人员,依法给予降级、撤职或者开除的处分;构成犯罪的,依法追究刑事责任:

(一)超出资质认可或者批准范围从事职业卫生技术服务或者职业健康检查、职业病诊断的;

(二)不按照本法规定履行法定职责的;

(三)出具虚假证明文件的。

第八十二条　职业病诊断鉴定委员会组成人员收受职业病诊断争议当事人的财物或者其他好处的,给予警告,没收收受的财物,可以并处三千元以上五万元以下的罚款,取消其担任职业病诊断鉴定委员会组成人员的资格,并从省、自治区、直辖市人民政府卫生行政部门设立的专家库中予以除名。

第八十三条　卫生行政部门、安全生产监督管理部门不按照规定报告职业病和职业病危害事故的,由上一级行政部门责令改正,通报批评,给予警告;虚报、瞒报的,对单位负责人、直接负责的主管人员和其他直接责任人员依法给予降级、撤职或者开除的处分。

第八十四条 违反本法第十七条、第十八条规定,有关部门擅自批准建设项目或者发放施工许可的,对该部门直接负责的主管人员和其他直接责任人员,由监察机关或者上级机关依法给予记过直至开除的处分。

第八十五条 县级以上地方人民政府在职业病防治工作中未依照本法履行职责,本行政区域出现重大职业病危害事故、造成严重社会影响的,依法对直接负责的主管人员和其他直接责任人员给予记大过直至开除的处分。

县级以上人民政府职业卫生监督管理部门不履行本法规定的职责,滥用职权、玩忽职守、徇私舞弊,依法对直接负责的主管人员和其他直接责任人员给予记大过或者降级的处分;造成职业病危害事故或者其他严重后果的,依法给予撤职或者开除的处分。

第八十六条 违反本法规定,构成犯罪的,依法追究刑事责任。

第七章 附 则

第八十七条 本法下列用语的含义:

职业病危害,是指对从事职业活动的劳动者可能导致职业病的各种危害。职业病危害因素包括:职业活动中存在的各种有害的化学、物理、生物因素以及在作业过程中产生的其他职业有害因素。

职业禁忌,是指劳动者从事特定职业或者接触特定职业病危害因素时,比一般职业人群更易于遭受职业病危害和罹患职业病或者可能导致原有自身疾病病情加重,或者在从事作业过程中诱发可能导致对他人生命健康构成危险的疾病的个人特殊生理或者病理状态。

第八十八条 本法第二条规定的用人单位以外的单位,产生职业病危害的,其职业病防治活动可以参照本法执行。

劳务派遣用工单位应当履行本法规定的用人单位的义务。

中国人民解放军参照执行本法的办法,由国务院、中央军事委员会制定。

第八十九条 对医疗机构放射性职业病危害控制的监督管理,由卫生行政部门依照本法的规定实施。

第九十条 本法自2002年5月1日起施行。

参考文献

[1] 张之东. 安全生产知识. 北京：人民卫生出版社，2009.
[2] 珠宝轩. 化工安全技术概论. 北京：化学工业出版社，2005.
[3] 张荣. 职业安全教育. 北京：化学工业出版社，2009.
[4] 赵连清，刘向军. 电气安全. 北京：中国劳动和社会保障出版社，2007.
[5] 劳动和社会保障部等. 安全生产普及知识百问百答. 北京：中国劳动和社会保障出版社，2007.
[6] 朱亚威. 安全生产管理知识. 北京：气象出版社，2011.
[7] 司法部法制宣传司、国家安全生产监督管理总局政法司. 安全生产法律知识问答. 北京：法律出版社，2009.
[8] 张庆河. 电气与静电安全. 北京：中国石化出版社，2005.
[9] 宋大成. 企业安全生产制度和操作规程范例. 北京：煤炭工业出版社，2008.
[10] 何永坚. 中华人民共和国职业病防治法解读. 北京：中国法制出版社，2012.
[11] 冀和平，崔慧峰. 防火防爆技术. 北京：化学工业出版社，2006.
[12] 国家安全生产监督管理总局. http://www.chinasafety.gov.cn/.
[13] 公安部消防局. http://www.119.gov.cn.